Uwe Albrecht

Digitale Welt für Einsteiger

iPhone und iPad

Inhaltsverzeichnis

**4 iPhone und iPad
im Überblick**

5 iOS und iPadOS –
stets aktuell

6 Die aktuellen
iPhone-Modelle

8 Die aktuellen
iPad-Modelle

13 iOS 13 und iPadOS 13:
Was ist neu?

14 Das iPhone im
Überblick

17 Das iPad im Überblick

**20 Einrichten und
bedienen**

21 Aufladen und SIM-Karte
einsetzen

22 Einschalten und
erstmalig einrichten

24 Konto aus einem
Backup wiederherstellen

27 Umstieg von Android

29 Die grundlegende
Bedienung

32 Die Bildschirmtastatur

35 Texteingabe

39 Sprachbedienung
mit Siri

42 Die Kurzbefehle-App

43 Sperr- und Home-
Bildschirm

48 Apps verwalten

53 Das Kontrollzentrum

55 Die Mitteilungszentrale

57 Die Ansicht „Heute"

59 Einstellen und
konfigurieren

72 Bedienungshilfen
nutzen

73 Bildschirmzeit einsehen

**76 Die Grundfunk-
tionen erklärt**

77 Die App Kontakte

79 Telefonieren mit
dem iPhone

82 Die App Nachrichten

89 Die App Mail

94 Die App Safari

98 Die App Kalender

100 Die App Erinnerungen

**102 Apps entdecken
und nutzen**

103 Der App Store

106 Die App Notizen

110 Die App Sprachmemos

24

Sie haben zuvor bereits ein iPad oder iPhone genutzt? So stellen Sie Ihr Konto aus einem Backup wieder her.

42

Über Kurzbefehle lösen Sie eine ganze Liste an Aktionen per Fingertipp aus.

102

So finden und installieren Sie neue Apps auf iPhone und iPad.

134

So hören Sie tolle Podcasts – kurze, informative Audiobeiträge zu den verschiedensten Themen.

153

Ihr Foto ist schön, aber es ist schief geworden? Bearbeiten Sie es einfach direkt in der Foto-App.

197

Wenn der Akku lange durchhalten muss, helfen diese Tipps.

111 Die Office-Apps
115 Alltags-Apps: Verkehr, News, Wetter, Fitness, Shopping & Co.
123 Apps für Augmented Reality
125 Die iTunes-App
126 Die Musik-App
132 Apple Music
134 Die Podcasts-App
136 Musik- und Video-streaming über AirPlay
138 Die Bücher-App

144 Fotos und Videos
145 Mit dem iPhone fotografieren
152 Fotos ansehen und bearbeiten
156 Fotos teilen, versenden und drucken
160 Videos aufnehmen
161 Videos bearbeiten
164 Videos teilen
166 Fotos und Videos importieren

168 Datenaustausch und -sicherung
169 Datenübertragung per iTunes und USB
173 Datenaustausch über iCloud Drive
176 Datenaustausch über AirDrop
181 Backup: Daten sichern
183 Tipps zur Datensicherheit

190 Tipps, Tricks und Zubehör
191 Betriebssystem und Apps aktualisieren
192 Erste Hilfe bei Problemen
195 Reparatur von iPhone und iPad
197 Tipps zum Energie-sparen
202 Hüllen und Displayfolie

204 Hilfe
204 Stichwortverzeichnis

iPhone und iPad im Überblick

Smartphones und Tablets haben in zahlreichen Haushalten den klassischen Computer oder den Laptop weitgehend ersetzt. Auch im Arbeitsleben spielen sie eine immer bedeutendere Rolle. Zahlreiche Mitbewerber bieten mittlerweile ähnlich leistungsfähige Geräte an, dennoch gehören das iPhone und das iPad von Apple nach wie vor zu den beliebtesten.

iOS und iPadOS – stets aktuell

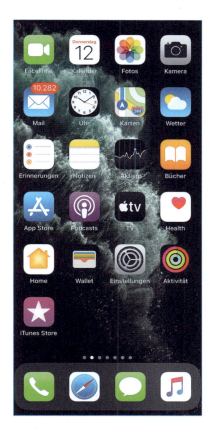

Updates für alle Geräte, kostenlos und jährlich – das bietet Apple seinen Kunden. Bis einschließlich iPhone 6S und iPad Air 2 (beide 2017) bekommen alle Modelle das Update auf iOS 13 bzw. iPadOS 13 – und damit neue Funktionen und Sicherheitsaktualisierungen.

Schon im Jahr 2019, zur damaligen Version iOS 12, hatte Apple dafür gesorgt, dass gerade ältere Geräte wieder schneller reagieren und sich flüssiger bedienen lassen. Diesbezüglich wurden beim aktuellen iOS 13 (und iPadOS 13) weitere Optimierungen vorgenommen. So starten Apps nun schneller und benötigen außerdem weniger Speicherplatz, sofern sie vom Entwickler entsprechend angepasst wurden.

iOS und iPadOS – getrennt, aber ähnlich

Im Zuge des Updates des mobilen Betriebssystems auf Version 13 wurde es in *iOS* – für das iPhone (sowie den iPod Touch) – und in *iPadOS* für das iPad aufgespalten. Das hört sich dramatischer an, als es ist, da die Bedienung weitgehend gleich bleibt.

Dass es mit iPadOS nun einen eigenen Namen gibt, hat vor allem damit zu tun, dass das Potenzial des iPad Pro (ab der 3. Generation aus dem Jahr 2018) nun endlich auch für den professionellen Einsatz erschlossen werden soll und es neue Funktionen vor allem für professionelle Anwender enthält.

Apps für weitere geniale Funktionen

Zu den weiteren Gründen für die große Beliebtheit von iPhone und iPad gehört das umfangreiche Angebot an Apps und Medien. Während Sie im App Store Apps und Spiele der unterschiedlichsten und exotischsten Genres finden, stehen Ihnen im iTunes- sowie Book-Store riesige Angebote an Musik, Filmen und E-Books sowie Hörbüchern zur Verfügung.

Kauf und Herunterladen gestalten sich einfach, die Bezahlung erfolgt über die in Ihrer Apple-ID angegebene Bezahlmethode. Einmal bezahlt, können Sie die Apps auf all Ihren kompatiblen Geräten, auf denen Sie mit derselben Apple-ID angemeldet sind, herunterladen und nutzen – dies gilt in den meisten Fällen für das iPad ebenso wie für das iPhone.

Die aktuellen iPhone-Modelle

Bei Apple sind im Frühjahr 2020 folgende Modelle erhältlich:
▶ **iPhone Pro 11 Max** mit 64–512 GB Speicher und 6,5"-OLED-Display
▶ **iPhone Pro 11** mit 64–512 GB Speicher und 5,8"-OLED-Display
▶ **iPhone 11** mit 64 GB–256 GB Speicher und 6,1"-LCD-Display
▶ **ältere Modelle:** verschiedene Varianten des iPhone 8 und des iPhone XR vom letzten Jahr

Die Ausstattung Ihres iPhone

Alle gegenwärtig von Apple vertriebenen iPhone-Modelle sowie die älteren laufen mit dem im Herbst 2019 erschienenen iOS 13 und verfügen über ein hochauflösendes Retina-Display. Des Weiteren unterstützen sie mindestens LTE und WLAN nach dem Standard 802.11a/b/g/n/ac. Einen Kopfhöreranschluss besitzt allerdings keines der iPhones mehr, doch liegen jedem Gerät die bekannten Apple EarPods mit Lightning-Anschluss bei.

Ab dem iPhone XR aus dem Jahr 2018 wich die Home-Taste einem größeren, fast randlosen Display. Auch die damit verbundenen Gesten sowie die Anmeldemethode per Fingerabdruck („Touch ID") wurde gestrichen. An ihre Stelle trat „Face ID", die Anmeldung per Gesichtserkennung.

Falls Sie also ein iPhone mit Kopfhöreranschluss und/oder Home-Taste benötigen, müssen Sie auf eines der älteren noch verfügbaren Modelle zurückgreifen – gegebenenfalls auf ein gebrauchtes.

Die Kamera als Highlight

Die Highlights von iPhone 11 und iPhone 11 Pro sind die Kameras. Beim iPhone 11 Pro sind drei Kameras, beim iPhone 11 zwei verbaut,

die Frontkamera für Selfies und FaceTime nicht mit eingerechnet. So besitzt das iPhone 11 zwei Objektive und Sensoren, eines für Weitwinkel (Brennweite von 26 mm) und ein weiteres für Superweitwinkel-Aufnahme (Brennweite von 13 mm). Das iPhone 11 Pro enthält einen zusätzlichen Sensor mit Teleobjektiv und 2-fach-Zoom, welches mit seiner Brennweite von 52 mm eher dem Normalobjektiv einer Spiegelreflexkamera entspricht. Doch damit nicht genug. Auch die *Kamera*-App wurde entsprechend optimiert. So sind

laut Apple nun noch detailreichere Aufnahme möglich; vor allem Nachtaufnahmen oder Fotos bei schlechten Lichtverhältnissen werden durch die „Deep Fusion" genannte Funktion erheblich aufgewertet – und zwar ohne einen Verlust an Details. Mehr dazu erfahren Sie im Abschnitt „Den Dunkelmodus einschalten" auf Seite 67.

Lieferumfang des iPhone

Der Lieferumfang aller iPhone-Modelle ist weitgehend gleich und zudem nicht gerade umfangreich. Wenn Sie den Karton öffnen, finden Sie darin das iPhone selbst, ein USB-Netzteil sowie ein sogenanntes Lightning-auf-USB- oder USB-C-Kabel, welches Sie zum Aufladen des iPhone mit dem Netzteil verbinden oder mit dem Sie Ihr iPhone an einen Computer mit USB-Schnittstelle anschließen können.

Neben den Apple EarPods (mittlerweile nur noch für die Lightning-Schnittstelle) liegt ein kleines Werkzeug bei, das Sie zum Öffnen des Steckplatzes für die SIM-Karte benötigen.

Die aktuellen iPad-Modelle

Bei Apple sind zurzeit vier unterschiedliche iPad-Modelle erhältlich – vom iPad mini und iPad für Schüler und Studenten oder Heimanwender mit geringem Budget über das iPad Air für alle mit etwas höheren Ansprüchen bis hin zum teuren und leistungsfähigen iPad Pro für professionelle Anwender. Auf allen aktuell von Apple vertriebenen iPads läuft iPadOS 13.

Wie beim iPhone XR und iPhone Pro 11 verfügen die ab Herbst 2018 erschienenen neuen iPad Pro 11" und 12,9" über keine Home-Taste mehr und besitzen ein nahezu randloses Retina-Display. Auch hier erfolgt die Anmeldung nun über Face ID beziehungsweise alternativ über einen bis zu sechsstelligen Code.

Benötigen Sie ein Modell mit Home-Taste, können Sie auf das einfachste und kostengünstige iPad, das iPad Air oder auch das iPad mini zurückgreifen.

Das iPad mini

Das iPad mini ist, wie der Name schon sagt, das kleinste iPad von Apple. Im erst 2019 erschienenen neuen iPad mini der 5. Generation steckt aber aktuellste Technik. Es besitzt mit 7,9" ein kleineres Display, welches jedoch über die gleiche Auflösung wie das alte iPad (9,7") verfügt (2048 x 1536). Daher wirkt dessen Bildschirm sehr detailreich und scharf. Ebenfalls unterstützt es den Apple Pencil.

Beim iPad mini ist es sinnvoll, die Variante mit Wi-Fi + Cellular zu wählen. Damit können Sie dann – ein Mobilfunkvertrag beziehungsweise eine Prepaid-Karte mit Datentarif vorausgesetzt – auch unterwegs ins Internet.

Das iPad

Mit 10,2" hat das iPad eine beliebte Standardgröße. Daher ist es in erster Linie für Nutzer geeignet, die mit ihrem Tablet zu Hause auf dem Sofa, am Schreibtisch oder unterwegs Filme schauen oder Games spielen möchten.

Zusammen mit einer Tastaturhülle oder einer externen Tastatur kann es sogar als mobiler Arbeitsplatz verwendet werden.

Das iPad Air

Das iPad Air der 3. Generation mit einem 10,5"-Bildschirm, welches 2019 in einer erheblich aufgewerteten Version erschien, besitzt weit mehr Leistungsreserven als das iPad. Auch der Bildschirm wurde, wie beim iPad mini, verbessert und scheut keinen Vergleich mit dem des iPad Pro.

Zudem ist es leichter und dünner als das normale und kostengünstigste iPad und daher auch für mobile Anwender die bessere Wahl. Preislich liegt es zwischen dem iPad und dem iPad Pro, was es zum Tablet der Wahl für all jene macht, denen das iPad Pro zu teuer und das iPad nicht leistungsfähig genug ist.

Das iPad Pro

Den leistungsfähigsten Spross der iPad-Familie gibt das iPad Pro ab, welches in zwei Größen verfügbar ist: mit einem nahezu randlosen 11"- und mit einem großen, ebenfalls fast randlosen 12,9"-Display.

Das neue iPad Pro ähnelt in vielerlei Hinsicht dem iPhone Pro 11. Durch das randlose Display hat es ebenfalls keine Home-Taste. Sie melden sich per Face ID an. Zudem ist es weit schneller und leistungsfähiger als das iPad, auch besitzt es ein besseres Display, das einen größeren Farbumfang hat und sich daher auch für die Bildbearbeitung eignet.

Durch seine professionelle Ausstattung ist das iPad Pro für all jene Anwender empfehlenswert, die damit wirklich arbeiten, zeichnen und gestalten möchten. Aufgrund seiner Größe und Geschwindigkeit taugt das iPad Pro gar als Ersatz für so manchen Laptop. Wie bereits erwähnt, trägt dazu auch das neue iPadOS 13 bei, welches die vorhandenen Ressourcen und Hardwarekomponenten nicht nur für professionelle Anwender erschließt und nutzbar macht, sondern auch einige unabdingbare Funktionen mitbringt, wie die Arbeit mit mehreren Apps oder Instanzen einer App gleichzeitig, den Zugriff auf externe Datenträger, die Anbindung an Server und einfachere und stringentere Bedienung.

Mittlerweile ist nicht nur die Arbeit mit einer externen Tastatur und Tastenkombinationen möglich, sondern auch mit einer Maus.

Alle aktuellen iPads sind ein bisschen „Pro"

Alle gegenwärtig bei Apple erhältlichen iPads besitzen mittlerweile Eigenschaften und Funktionen, die bislang dem iPad Pro vorbehalten waren.

So verfügen sowohl das iPad mini der 5. Generation als auch das iPad Air der 3. Generation über ein True-Tone-Display, dessen Farbdarstellung sich automatisch an die Umgebung anpasst. Für das iPad 10.2" und das iPad Air 10.5" sind zudem die per Smart Connector verbundenen Apple Smart Keyboards verfügbar – auch diese gab es bislang nur für das iPad Pro.

Der Apple Pencil der 1. Generation wird zudem sowohl vom aktuellen iPad mini, dem iPad als auch dem iPad Air unterstützt – wobei die Verwendung des Apple Pencil lange Zeit allein den iPad-Pro-Modellen vorbehalten war. Mit dem Apple Pencil können Sie auf dem iPad schreiben, zeichnen und malen, fast wie auf einem Blatt Papier. Es sind verschiedene Strichstärken möglich, Schraffuren und mehr. Der Apple Pencil erkennt außerdem unterschiedliche Druckstärken sowie die Haltung des Stifts.

Lieferumfang des iPad

Der Lieferumfang aller iPad-Modelle – vom einfachsten iPad mini bis zum großen iPad Pro 12,9" – ist der gleiche: Neben dem iPad finden Sie ein Netzteil sowie ein Lightning-auf-USB-Kabel oder beim iPad Pro ein USB-C-Kabel, welches Sie zum Aufladen des iPad mit dem Netzteil verbinden oder mit dem Sie Ihr iPad auch an einen Computer anschließen können.

Bei allen Modellen in der Wi-Fi + Cellular-Variante ist zudem das vom iPhone bekannte kleine Werkzeug enthalten, das Sie zum Öffnen des Steckplatzes für die SIM-Karte benötigen.

Der Apple Pencil gehört leider nicht zum Lieferumfang des iPad. Dieser muss separat erworben werden. Das ist ärgerlich, da der Kunde hierdurch zweimal zur Kasse gebeten wird. Zudem müssen Sie darauf achten, den passenden Apple Pencil zu erwerben. Während Sie für das aktuell lieferbare iPad, das iPad Air und das iPad mini den Apple Pencil der 1. Generation für knapp 100 Euro benötigen, ist für das iPad Pro ab der 3. Generation der Apple Pencil der 2. Generation für ungefähr 135 Euro erforderlich.

→ Was bedeutet Wi-Fi + Cellular beim iPad?

Mit Wi-Fi bezeichnet Apple WLAN (Wireless Local Area Network) und damit die Möglichkeit, zu Hause über einen WLAN-Router und unterwegs über einen WLAN-Hotspot drahtlos ins Internet zu gelangen. Alle iPads sind WLAN-fähig.

Cellular hingegen bedeutet, dass das iPad zusätzlich über einen Steckplatz für eine SIM-Karte zum Internetzugang über das Mobilfunknetz verfügt. Des Weiteren haben diese iPads die ebenfalls erforderliche Mobilfunkantenne eingebaut.

Alle entsprechenden aktuellen iPads sind mit dem modernen Mobilfunkstandard LTE/4G kompatibel, welcher hohe Datenübertragungsraten erlaubt, sofern Ihr Mobilfunkvertrag oder Ihre Prepaid-Karte diese unterstützen.

iOS 13 und iPadOS 13: Was ist neu?

Auf den ersten Blick hat sich bei iOS 13 allein nicht sehr viel verändert. Das neue Betriebssystem besitzt nun etwa einen richtigen Dunkelmodus, der sich per Fingertipp oder auch automatisch aktivieren lässt. Dies schont nicht nur die Augen, in dunkler Umgebung spart es auch Strom – allerdings nur beim iPhone Pro 11 mit OLED-Bildschirm.

Des Weiteren wurden im Zusammenhang mit der neuen Kamera die entsprechende App ausgebaut sowie die Funktionen zur Bild- und auch Videobearbeitung. Die digitale Sprachassistentin *Siri* ist wieder ein bisschen schlauer geworden, die Bildschirmtastatur lässt sich schwebend darstellen und Sie können über die neue *Quick-Path*-Funktion durch Wischen Text schneller eingeben. Nutzen Sie AirPods, so werden auch deren Funktionen erweitert.

Wichtig ist aber besonders die bereits erwähnte Optimierung von Apps und deren Speicherverbrauch. Daneben wurden das Kontrollzentrum verbessert und weitere Detailverbesserungen vorgenommen, etwa die Erneuerung der *Erinnerungen*-App und die neue Suche nach Ihren Geräten oder Freunden und Bekannten mit der *Wo-ist?*-App.

Weitreichendere Änderungen gibt es beim neu geschaffenen bzw. von iOS abgespaltenen iPadOS 13. So wurde Arbeiten mit mehreren Fenstern und Apps weiter vereinfacht und verbessert. Mit der neuen Funktion *App Exposé* lassen sich alle Fenster einer App anzeigen. Neue Gesten vereinfachen und beschleunigen die Arbeit mit Texten. Mit Safari lassen sich Webseiten nun auch dauerhaft in der Desktop-Version aufrufen.

Bedeutsam für professionelle Anwender ist zudem, dass das iPad nun auch mit der Maus bedient werden kann und die *Dateien*-App erheblich verbessert wurde. So können Sie mit dieser nun auch auf Dateiserver und externe Laufwerke zugreifen. Dies ist natürlich nicht nur am iPad mit iPadOS 13, sondern auch am iPhone unter iOS 13 möglich.

Beachten Sie jedoch auch bei diesem Update, dass nicht jede neue Funktion von iOS 13 oder iPadOS 13 auch auf jedem älteren iPhone und iPad funktioniert, obwohl diese an sich unter den neuen Betriebssystemen laufen.

Das iPhone im Überblick

Nachdem Sie Ihr neues iPhone erworben und ausgepackt haben, schauen Sie es sich zunächst einmal genauer an.

iPhone (Vorderseite)

▶ **Home-Taste/Touch ID (soweit verfügbar):** Bis zum iPhone 8 gibt es die markante runde Taste unten auf der Vorderseite. Damit kehren Sie zum ersten Home-Bildschirm zurück und wecken das iPhone, indem Sie sich über den integrierten Fingerabdrucksensor (Touch ID) bei der Anmeldung identifizieren. Durch doppeltes Betätigen (schnell hintereinander) sehen Sie die Liste aller aktiven Apps.

① **Multi-Touch-Display:** Die Benutzeroberfläche des iPhone wird über Fingertipps sowie Multi-Touch-Gesten bedient. Dazu dient das Multi-Touch-Display. Ausgewählte Modelle unterstützen zudem die sogenannte Haptic-Touch-Funktion, über die mittels eines längeren und festen Fingertipps weitere Funktionen aufgerufen werden können – vergleichbar einem Kontextmenü bei macOS oder Windows.

2 **FaceTime-Kamera:** Die FaceTime-Kamera dient zur Videotelefonie über die *FaceTime*-App oder Skype. Natürlich lassen sich
über die FaceTime-Kamera auch Selfies aufnehmen.

3 **Lautsprecher (Telefonie) sowie Frontmikrofon:** Hier hören
Sie Ihren Gesprächspartner, und außerdem befindet sich hier
das Frontmikrofon zur Videotelefonie über FaceTime und andere
Apps oder zur Spracheingabe über Siri.

iPhone (Seiten sowie Rückseite)

4 **Kamera(s) und TrueTone-Blitz:** Die Kamera(s) Ihres iPhone
zum Fotografieren und Filmen. Das iPhone 11 verfügt über eine

Weitwinkel- und eine Ultraweitwinkelkamera, das iPhone 11 pro zusätzlich über eine dritte Kamera mit 2-fach-Zoom.

⑤ **Rückmikrofon:** Über das Rückmikrofon nehmen Sie beispielsweise den Ton bei einem Video auf.

⑥ **Seitentaste/Standby-Taste:** Mit der Standby-Taste schicken Sie Ihr iPhone in den Ruhezustand oder wecken es wieder auf.

⑦ **Lautstärketasten:** Hier regulieren Sie die Lautstärke Ihres iPhone.

⑧ **Kippschalter:** Schalten Sie Ihr iPhone schnell auf lautlos.

⑨ **SIM-Kartenfach:** Hier befindet sich das Fach für die Nano-SIM-Karte. Öffnen Sie das Fach mit dem kleinen im Karton befindlichen Werkzeug.

⑩ **Mikrofon:** Das Mikrofon für Telefonate befindet sich an der Unterseite.

⑪ **Lightning-Schnittstelle:** Über diesen Anschluss wird das iPhone mit der Außenwelt verbunden. Sie dient zum Anschließen des Lightning-auf-USB- bzw. USB-C-Kabels und Netzteils, mit dem Sie das iPhone und iPad aufladen. Außerdem können Sie es hierüber mit einem Computer verbinden, um Daten zu überspielen. Zu guter Letzt schließen Sie hier die beiliegenden Apple EarPods mit Lightning-Anschluss sowie gegebenenfalls den Miniklinke-auf-Lightning-Adapter für einen normalen Kopfhörer an.

⑫ **Lautsprecher:** Hier ist der Lautsprecher des iPhone verbaut.

⑬ **3,5-mm-Klinkensteckeranschluss:** Existiert nur bis iPhone 6s. Falls vorhanden, schließen Sie hier kabelgebundene Kopfhörer, Lautsprecher oder eine Stereoanlage an.

Das iPad im Überblick

Nachdem Sie Ihr neues iPad ausgepackt haben, schauen wir es uns einmal etwas genauer an. Zunächst die Vorderseite.

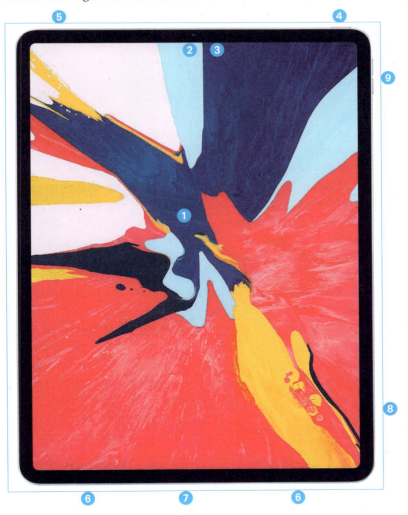

iPad (Seiten sowie Vorderseite)

▶ **Home-Taste/Touch ID (soweit verfügbar):** iPad Air 3, iPad 7 und iPad mini 5 haben die markante runde Taste unten auf der Vorderseite. Damit kehren Sie zum ersten Home-Bildschirm zurück und wecken das iPad per integriertem Fingerabdrucksensor (Touch ID). Durch doppeltes Betätigen (schnell hintereinander) sehen Sie die Liste aller aktiven Apps.

1 Multi-Touch-Display: Die Benutzeroberfläche des iPad wird über Fingertipps sowie Gesten auf dem Multi-Touch-Display bedient.

2 FaceTime-Kamera: Die FaceTime-Kamera dient zur Videotelefonie über die *FaceTime*-App oder Skype.

3 Mikrofon: Das Mikrofon dient zur Videotelefonie über FaceTime und andere Apps oder zur Spracheingabe über Siri (siehe den Abschnitt „Sprachbedienung mit Siri" ab Seite 39).

4 Seitentaste/Standby-Taste: Mit der Standby-Taste schicken Sie Ihr iPad in den Ruhezustand oder wecken es wieder auf.

5 Kopfhöreranschluss: Nur bei älteren Modellen integriert. Falls vorhanden, schließen Sie hier kabelgebundene Kopfhörer, Lautsprecher oder eine Stereoanlage an.

6 Lautsprecher: Hier befinden sich die internen Lautsprecher des iPad. Das iPad Pro besitzt vier Lautsprecher.

7 Lightning- oder USB-C-Schnittstelle: Die Lightning- oder (beim iPad Pro ab der 3. Generation) auch USB-Schnittstelle dient zum Aufladen des iPad oder zum Verbinden mit Ihrem Computer – beispielsweise, um Daten zu synchronisieren. Des Weiteren können Sie hier einen SD-Karten-Adapter anschließen oder (seit iPadOS 13) auch weitere Datenträger wie USB-Sticks oder Festplatten. Hierfür sind in der Regel weitere Adapter erforderlich.

8 Nano-SIM-Karteneinschub: Im Nano-SIM-Karteneinschub bringen Sie die Nano-SIM-Karte Ihres Mobilfunkproviders unter. Nur dann können Sie – vorausgesetzt, die Karte ist aktiviert und die Verbindung gut genug – über das Mobilfunknetz ins Internet.

⑨ **Laut/Leise-Tasten:** Hier erhöhen oder verringern Sie die Lautstärke Ihres Geräts. Das funktioniert auch, wenn sich das iPad im Ruhezustand befindet.

⑩ **Apple Pencil:** Apples interaktiver Stift haftet magnetisch am Connector (siehe „Alle aktuellen iPads sind …", S. 11).

iPad (Rückseite)

▶ **Smart-Connector:** Über den sogenannten Smart-Connector auf der Rückseite werden das Smart Keyboard und das Smart Keyboard Folio von Apple angeschlossen. Diese werden über den Smart-Connector auch mit Strom versorgt.

▶ **TrueTone-Blitz:** Dies ist ein kleines eingebautes Blitzgerät, welches Sie bei Bedarf hinzuschalten können, wenn Sie ein Foto bei schlechten Lichtverhältnissen machen wollen.

▶ **Kamera:** Mit der Kamera und der dazugehörigen *Foto*-App nehmen Sie Fotos und Videos auf. Die Qualität ist je nach iPad und verbauter Kamera sowie der Lichtsituation unterschiedlich.

Einrichten und bedienen

Bevor Sie Ihr neues iPhone oder iPad verwenden, müssen Sie es aktivieren und einrichten. Wie das geht, erfahren Sie in diesem Kapitel. Außerdem zeigen wir Ihnen die Grundlagen der Bedienung der Smartphones und Tablets von Apple.

Aufladen und SIM-Karte einsetzen

Bevor Sie Ihr iPhone und iPad das erste Mal einschalten, sollten Sie es zunächst einige Stunden aufladen. Dazu verbinden Sie das beiliegende Lightning- oder USB-C-auf-USB-Kabel mit der passenden Schnittstelle Ihres Geräts und dem USB-Netzteil. Schließen Sie dieses an die Stromversorgung an und warten Sie so lange, bis auf dem Display angezeigt wird, dass der Akku zu 100 Prozent geladen ist. Entfernen Sie das Kabel.

SIM-Karte einsetzen

Bei einem iPhone oder einem iPad Wi-Fi + Cellular (mit dem Sie auch über das Mobilfunknetz online gehen können) öffnen Sie mit dem beiliegenden kleinen Werkzeug das SIM-Kartenfach.

1 Stecken Sie das Werkzeug in das kleine Loch an der Seite.

2 Die Halterung öffnet sich und Sie können diese herausziehen.

3 Legen Sie Ihre SIM-Karte in die Halterung und stecken Sie die Halterung samt SIM-Karte in das SIM-Kartenfach.

Ihr iPhone oder iPad benötigt eine Micro-SIM-Karte. Falls Sie noch keine besitzen, erhalten Sie diese bei Ihrem Mobilfunkprovider. Die aktuellen Geräte von Apple sind auch eSIM-fähig. Das heißt, diese benötigen keine SIM-Karte mehr. Dies sind das iPad Pro und das iPad Air (beide ab der 3. Generation) sowie das iPad der 7. Generation und das iPad mini (5. Generation). Auch das iPhone ab dem iPhone XS ist eSIM-fähig. Wie Sie eine eSIM einrichten, erfahren Sie über Ihren Mobilfunkprovider. Meist scannen Sie dazu mit der Kamera des iPhone oder iPad einen QR-Code ein und folgen den Anweisungen.

Einschalten und erstmalig einrichten

Bevor Sie das iPhone oder iPad Wi-Fi + Cellular benutzen können, muss es nach dem Einschalten zunächst aktiviert werden.

1 Geben Sie dazu die PIN Ihrer SIM-Karte ein und warten Sie einen Moment. In Ausnahmefällen, beispielsweise wenn Ihre SIM-Karte noch nicht freigeschaltet ist, kann dies auch längere Zeit in Anspruch nehmen. Mit der Einrichtung können Sie dennoch fortfahren.

2 Nach dem ersten Einschalten und dem Start begrüßen Sie das iPhone und iPad mit einem freundlichen „Hallo" in unterschiedlichen Sprachen.

3 Geben Sie an, in welchem Land Sie leben und welche Sprache Sie bevorzugen.

4 Wählen Sie Ihr WLAN-Netzwerk und geben Sie das Kennwort ein.

5 Im nächsten Schritt bestimmen Sie, ob Sie die *Ortungsdienste* (siehe Seite 185 und Seite 202) aktivieren wollen oder nicht. Beachten Sie, dass bestimmte Apps die Einschaltung der Ortungsdienste voraussetzen.

6 Konfigurieren Sie, soweit erforderlich, als Nächstes entweder *Face ID* oder *Touch ID* und erstellen Sie einen vier- oder sechsstelligen Code. Folgen Sie den Anweisungen des Installationsassistenten. Dank Face ID oder Touch ID können Sie Ihr iPhone beziehungsweise iPad per Gesichtserkennung oder Fingerabdruck entsperren sowie Käufe im App Store und iTunes Store tätigen.

7 Als Nächstes legen Sie fest, ob Sie Ihr iPhone oder iPad neu einrichten, es aus einem iCloud- oder Backup auf Ihrem Computer wiederherstellen (siehe Seite 181 oder Seite 182) oder einen Umzug von einem Android-Gerät (siehe „Umstieg von Android", Seite 27) durchführen wollen.

8 Folgen Sie den weiteren Anweisungen und melden Sie sich mit Ihrer Apple-ID an. Nehmen Sie bei Bedarf diverse angebotene Einstellungen für *iCloud* vor.

9 Nun geben Sie an, ob Sie die Sprachassistentin *Siri* verwenden möchten und folgen dabei ebenfalls den Anweisungen.

10 Zum Schluss entscheiden Sie, ob *Diagnose-Informationen weitergegeben* (an Apple oder an Entwickler) und Ihre Dialoge mit Siri aufgezeichnet und ausgewertet werden dürfen.

Face ID einrichten

Die Einrichtung von Face ID geht einfach. Zunächst erscheint ein Kreis mit einer Skala. Halten Sie das iPhone oder iPad so, dass Ihr Gesicht innerhalb dieses Kreises zu sehen ist. Anschließend drehen Sie Ihren Kopf der Anweisung folgend zweimal und schon ist ihr Gesicht erfasst. Die spätere Anmeldung erfolgt automatisch. Sobald die Frontkamera und die Sensoren des iPhone oder iPad Pro Ihr Gesicht erfasst haben, erhalten Sie Zugriff ohne weiteres Zutun. Bei Spiegelungen oder wenn das Umgebungslicht zu schwach ist, müssen Sie unter Umständen Ihren Code eingeben – nach einem Update oder wenn das Gerät ausgeschaltet war. Um Face ID später einzurichten, öffnen Sie *Einstellungen > Face ID > Code*. Um über Face ID Käufe im App Store oder iTunes Store tätigen zu können, schalten Sie unter *Face ID* und *Code* die entsprechende Option ein.

Konfigurieren von Face ID
Positioniere dein Gesicht zunächst im Kamerarahmen. Beschreibe einen Kreis mit deinem Gesicht, sodass es von allen Blickwinkeln zu sehen ist.

Los geht's

→ **Was ist eine Apple-ID?**

Um Ihr iPhone und iPad einrichten und verwenden zu können, ist eine Apple-ID zwingend erforderlich. Diese benötigen Sie nicht nur zum Aktivieren des entsprechenden Geräts, sondern auch, um im iTunes Store Apps, Musik und Filme herunterzuladen und zu erwerben. Des Weiteren erhalten Sie mit der Apple-ID eine persönliche E-Mail-Adresse sowie kostenlosen Speicherplatz auf der Onlinefestplatte von iCloud. Über iCloud können die meisten der auf dem iPhone und iPad befindlichen Daten, wie Termine, Kalendereinträge, Notizen und so weiter, mit anderen kompatiblen Geräten abgeglichen werden. Zudem ist ein Backup des iPhone oder iPad über iCloud möglich.

Konto aus einem Backup wiederherstellen

Für den Fall, dass Sie ein älteres iPhone und iPad besitzen und auf ein neues Modell umsteigen möchten, können Sie dessen Daten in der Regel problemlos übernehmen. Dies ist auch nachträglich möglich – falls Sie Ihr neues iPhone bereits eingerichtet haben sollten. Die Vorgehensweise unterscheidet sich je nachdem, ob Sie das Backup Ihres bisherigen iOS-Geräts über iCloud oder Ihren Computer erstellt haben. Zunächst zeigen wir Ihnen den Weg über iCloud.

Über iCloud

1 Öffnen Sie auf dem iPhone beziehungsweise iPad die *Einstellungen* mit einem Fingertipp auf das entsprechende Symbol.
2 Tippen Sie auf *Allgemein* und öffnen Sie den Eintrag *Zurücksetzen*.

3 Tippen Sie hier auf *Inhalte & Einstellungen löschen* und folgen Sie den weiteren Anweisungen.

4 Nachdem das iOS- oder iPadOS-Gerät komplett zurückgesetzt wurde, startet es neu.

5 Folgen Sie anschließend den Anweisungen des Systemassistenten, wie weiter oben beschrieben, und stellen Sie das iPhone oder iPad aus Ihrem Backup auf iCloud wieder her. Nach dem Neustart müssen Sie unter Umständen Ihr Kennwort für Ihre Apple-ID erneut eingeben. Anschließend können Sie es wie gewohnt verwenden.

Über iTunes

1 Schließen Sie Ihr iPhone beziehungsweise iPad mit dem Lightning- oder USB-C-auf-USB-Kabel an den Computer an. Warten Sie, bis iTunes gestartet ist, beziehungsweise installieren Sie es zuvor auf Ihrem Windows-PC, falls Sie dies noch nicht erledigt haben.

2 Klicken Sie links oben, unterhalb der Titelleiste, auf das kleine *iPhone-* oder *iPad-Symbol* und anschließend in der Seitenleiste auf das Register *Übersicht*.

3 Nun klicken Sie im Hauptfenster auf den Eintrag *Backup wiederherstellen*.

4 Anschließend wird das von Ihnen gewählte Backup auf Ihr neues iOS- oder iPadOS-Gerät übertragen. Nach dem Neustart müssen Sie Ihre Kennwörter erneut eingeben, danach können Sie Ihr iPhone oder iPad wie gewohnt verwenden.

Über den Finder (ab macOS Catalina)

1 Schließen Sie Ihr iPhone beziehungsweise iPad mit dem USB-C- oder Lightning-auf-USB-Kabel an den Computer an. Klicken Sie links in der Seitenleiste unter *Orte* auf dessen Namen.

2 Klicken Sie oben am Hauptfenster auf *Allgemein* und anschließend unten auf *Backup wiederherstellen*.

3 Nun wird das von Ihnen gewählte Backup auf Ihr neues iOS- oder iPadOS-Gerät übertragen. Nach dem Neustart müssen Sie unter Umständen das Kennwort für Ihre Apple-ID erneut eingeben, danach können Sie Ihr neues iPhone oder iPad wieder nutzen.

Info

Noch schneller vom alten iPhone umziehen:
Läuft auf Ihrem alten iPhone mindestens iOS 11, dann ist der Umzug besonders einfach möglich. Schalten Sie das neue iPhone ein und legen es neben das alte iPhone, wird Ihnen angeboten, die Daten und Einstellungen per „Schnellstart" direkt zu übernehmen. Dazu folgen Sie einfach den Anweisungen. Hierbei müssen Sie mit dem neuen iPhone ein Muster, das auf dem alten iPhone angezeigt wird, einscannen und den Zugangscode zur Autorisierung für das alte iPhone eintippen. Außerdem ist es erforderlich, dass beide Geräte unter der gleichen Apple-ID genutzt werden. Anschließend werden die Daten übernommen und die Apps installiert, die auch auf Ihrem alten Gerät installiert waren. Dies kann mitunter einige Zeit in Anspruch nehmen.

Umstieg von Android

Auch wenn Sie bisher ein Android-Gerät im Einsatz hatten, können Sie weitgehend problemlos auf ein aktuelles iPhone oder iPad umziehen. Apple stellt allen „Umsteigern" im Google Play Store eine kostenlose App zur Verfügung, welche den Umzug vereinfacht und weitgehend automatisiert. Damit das auch funktioniert, müssen allerdings einige Voraussetzungen erfüllt sein.

Voraussetzungen

▶ **Das Android-Smartphone** läuft unter Android 4 oder höher.

▶ **Das Android-Smartphone** und das neue iPhone oder iPad befinden sich im gleichen WLAN-Netzwerk.

▶ **Beide Geräte sind** an die Stromversorgung angeschlossen.

▶ **Auf Ihrem neuen iPhone oder iPad** muss iOS 9 oder höher installiert sein.

▶ **Auf Ihrem neuen iPhone oder iPad** muss genug Speicherplatz zur Verfügung stehen.

Welche Daten können Sie mitnehmen?

▶ **Kontakte/Adressen**

▶ **Kalender**

▶ **Nachrichtenverlauf**

▶ **Fotos und Videos**

▶ **Lesezeichen**

▶ **E-Mail-Konten**

▶ **kostenlose Apps,** die es auch für iOS und iPadOS gibt (Sie müssen diese selbst auf dem iPhone oder iPad herunterladen)

Auf das iOS- oder iPadOS-Gerät „umziehen"

Wollen Sie mithilfe der App *Move to iOS* umziehen, ist dies nur möglich, wenn Sie Ihr iPhone oder iPad neu einrichten. Hierbei spielt es keine Rolle, ob Sie es gerade erworben haben oder bereits länger verwenden. Im zweiten Fall müssen Sie es – wie auf Seite 193 beschrieben – zunächst zurücksetzen. Hierbei gehen alle Daten verloren, sollten Sie vorher kein Backup angelegt haben. Ist das der Fall und erfüllen Ihr Android-Gerät sowie Ihr iOS-Gerät die oben genannten Voraussetzungen, dann gehen Sie folgendermaßen vor:

1 Laden Sie auf Ihrem Android-Gerät, auf dem mindestens Android 4.0 installiert sein muss, die App *Move to iOS* im Google Play Store herunter.

2 Schalten Sie das iOS- oder iPadOS-Gerät und das Android-Gerät ein. Beide müssen an die Stromversorgung angeschlossen sein und sich im gleichen WLAN-Netzwerk befinden.

3 Tippen Sie auf dem iOS- oder iPadOS-Gerät, sobald der Bildschirm *Apps & Daten* erscheint, auf *Daten von Android übertragen*.

4 Auf dem Android-Gerät starten Sie anschließend die App *Move to iOS*. Folgen Sie den Anweisungen und warten Sie, bis der zur späteren Identifikation erforderliche Code ermittelt wird. Tippen Sie auf *Weiter*.

5 Tippen Sie auf dem iOS- oder iPadOS-Gerät auf *Fortfahren*. Anschließend erscheint auf diesem ein Code, den Sie auf dem Android-Gerät eingeben.

6 Haben Sie alles richtiggemacht, wird der Bildschirm zur Datenübertragung angezeigt. Geben Sie nun an, welche Daten übertragen werden sollen.

7 Die Datenübertragung kann einige Zeit in Anspruch nehmen – abhängig von der Geschwindigkeit Ihres WLAN-Netzwerkes sowie dem Datenumfang. Warten Sie, bis der Vorgang beendet ist.

8 Ist dies der Fall, tippen Sie auf *Fertig* und fahren Sie mit der Einrichtung des iOS- oder iPadOS-Geräts, wie oben beschrieben, fort (siehe Seite 23, Punkt 8).

Die grundlegende Bedienung

Ihr neues iOS- oder iPadOS-Gerät wird je nach Ausstattung zum einen über Fingertipps, Multi-Touch-Gesten, vier Schalter an der Seite sowie – falls vorhanden – über die Home-Taste bedient. Die wichtigsten Funktionen zur Bedienung stellen wir Ihnen auf den folgenden Seiten vor.

▶ **Home-Taste:** Entsperren des iPhone oder iPad mit Ihrem Fingerabdruck; Aufwecken des iPhone oder iPad aus dem Ruhezustand; Zurückkehren zum ersten Home-Bildschirm

▶ **Home-Taste zweimal drücken:** Aufrufen des App-Umschalters (siehe „Zwischen verschiedenen Apps …", Seite 51)

▶ **Home-Taste drücken und halten:** Siri starten

▶ **Wischen (vom unteren Bildschirmrand schnell nach oben):** Home-Bildschirm anzeigen

▶ **Wischen (vom unteren Bildschirmrand langsam nach oben und in der Mitte innehalten):** App-Umschalter aufrufen

▶ **Seitentaste/Standby-Taste:** Aufwecken und Standby; Ausschalten; Siri starten

▶ **Seitentaste und Lautertaste gleichzeitig:** Ausschalten (ab iPhone X/ab iPad Pro 2018)

▶ **Seitentaste und Leisertaste gleichzeitig:** Bildschirmfoto

▶ **Tippen:** App starten; Eingaben bestätigen; Funktionen in Apps ausführen; iPad Pro aufwecken

▶ **Doppeltippen (schnell nacheinander):** Vergrößern und Verkleinern von Texten und Bildern

▶ **fest auf Symbol drücken („Haptic Touch"):** weitere Funktionen einer App aufrufen (entsprechend dem Kontextmenü bei macOS oder Windows)

▶ **vier oder fünf Finger auf dem Display zusammenziehen:** zum ersten Home-Bildschirm wechseln

▶ **Wischen (horizontal):** Zwischen den Home-Bildschirmen wechseln; Blättern in E-Books und Dokumenten

▶ **mit vier oder fünf Fingern nach links oder rechts wischen:** zur nächsten oder vorherigen App wechseln

▶ **am unteren Bildschirmrand nach links oder rechts wischen:** zur nächsten oder vorherigen App wechseln

▶ **Wischen (vertikal):** Nach oben oder unten blättern

▶ **Wischen (vom oberen Bildschirmrand nach unten):** Mitteilungszentrale anzeigen

▶ **Wischen (vom rechten oberen Bildschirmrand nach unten):** Kontrollzentrum anzeigen

▶ **Wischen (von der Mitte des Home-Bildschirms nach unten):** Suche starten

▶ **Symbol mit dem Finger auswählen und bewegen:** Symbol an einem anderen Ort ablegen

▶ **Drücken und Halten:** Anzeigen und Ausführen versteckter Optionen und Funktionen

▶ **doppelt auf eine Stelle tippen:** Verkleinern und Vergrößern

▶ **Daumen und Zeigefinger auf einem Dokument oder Foto spreizen:** Verkleinern und Vergrößern

▶ **Gerät schütteln:** Eingaben – vor allem Texteingaben – rückgängig machen

Einhandmodus beim iPhone

Das iPhone 8 Plus, XS Max oder 11 Pro Max lassen sich nicht mehr ohne Weiteres einhändig bedienen wie Geräte mit kleinerem Display. Daher hat Apple in iOS den sogenannten Einhandmodus integriert. Falls noch nicht geschehen, aktivieren Sie ihn auf die folgende Weise.

1 Öffnen Sie die *Einstellungen* und tippen Sie dort auf *Bedienungshilfen*.

2 Blättern Sie dann nach unten, wählen den Eintrag *Tippen* und aktivieren dort den *Einhandmodus*.

3 Um ihn bei einem iPhone mit Home-Button zu nutzen, tippen Sie zweimal leicht auf den *Home-Button*. Bei einem iPhone ohne Home-Button wischen Sie am unteren Displayrand über das Dock nach unten. Um ihn wieder abzuschalten, wischen Sie vom unteren Displayrand über das Dock.

4 Beim Einhandmodus wird die obere Hälfte des Bildschirminhalts nach unten verschoben, sodass Sie alle sichtbaren Symbole mit dem Daumen bequem erreichen.

→ **„Haptic Touch" beim iPhone**

Mit dem iPhone 6s erhielt Apples Smartphone eine weitere „Dimension" der Bedienung – „3D Touch". Dies wurde mittlerweile wieder abgeschafft und durch den „Haptic Touch" ersetzt, der aber im Grunde genauso funktioniert. Hierbei können Sie durch leichten Druck auf das Display, bei dem Sie eine kleine Vibration des iPhone spüren, weitere versteckte Funktionen aufrufen. Diese sind zum Beispiel:

Quick Actions (Kontextmenü): Hiermit öffnet sich bei leichtem Druck auf ein Symbol ein Kontextmenü der dazugehörigen App, über welches Sie schneller auf Funktionen zugreifen.

Peek and Pop: Durch einen Druck auf ein Element, wie ein Bild in einer E-Mail, eine Nachricht oder eine Internetadresse, wird dieses in einer Übersicht angezeigt.

Multi-Touch-Gesten für Fortgeschrittene beim iPad

Möchten Sie weitere praktische Multi-Touch-Gesten nutzen, müssen Sie diese zunächst aktivieren. Öffnen Sie dazu die *Einstellungen* mit einem Fingertipp und wählen Sie den Eintrag *Homebildschirm & Dock*. Hier aktivieren Sie über *Multitasking* zum Beispiel die folgenden Gesten:

▶ **zum Home-Bildschirm zurückkehren:** vier oder fünf Finger zusammenziehen

▶ **den App-Umschalter anzeigen:** vier oder fünf Finger nach oben streichen

▶ **zwischen Apps wechseln:** mit vier oder fünf Fingern nach links oder rechts streichen

Info

„Haptic Touch" auf dem Sperrbildschirm: Peek und Pop sowie die Quick Actions funktionieren bei manchen Apps auch bereits auf dem Sperrbildschirm. So können Sie über einen beherzten Druck auf eine angezeigte Nachricht selbige einsehen und sogar beantworten.

Die Bildschirmtastatur

Ihr iPhone und iPad verfügt – anders als ältere Handys oder Festnetztelefone – über keine physische Tastatur. Damit Sie dennoch Text eingeben, beispielsweise eine Webadresse, eine E-Mail schreiben oder etwas notieren können, besitzen iOS 13 sowie iPadOS 13 eine Bildschirmtastatur. Damit lässt sich mit etwas Übung einigermaßen komfortabel schreiben. Wer es komfortabler mag, nutzt an seinem iPhone einfach eine externe Bluetooth-Tastatur oder am iPad alternativ das Smart Keyboard von Apple (siehe Abschnitt „Bluetooth-Gerät koppeln", Seite 63).

→ **Die Bildschirmtastatur ein- und ausblenden**

Sobald Sie eine App aufrufen, die eine Funktion zur Texteingabe besitzt, und Sie auf das Texteingabefeld tippen, wird die Bildschirmtastatur Ihres iOS- oder iPadOS-Geräts automatisch eingeblendet. Auf Wunsch lässt sich die Bildschirmtastatur aber auch ausblenden. Tippen Sie dazu einfach auf die Taste **Tastatur** (siehe Seite 34).

Die Bildschirmtastatur im Überblick

Die Tastaturbelegung ist der einer physischen Tastatur mit deutschem Tastaturlayout vergleichbar – vorausgesetzt, Sie haben bei der Einrichtung als Sprache *Deutsch* gewählt. Bei der Tastaturbelegung gibt es aber einige für iPhone und iPad typische Besonderheiten. Zudem ist die Tastatur kontextsensitiv. Die Belegung passt sich an das gerade verwendete Programm an. So werden bei *Safari* beispielsweise die typischen Bestandteile einer Webadresse zur Vorauswahl eingeblendet, bei *Mail* die einer E-Mail-Adresse.

Bitte beachten Sie zudem, dass sich die Bildschirmtastatur von iPad und iPhone in einigen Punkten unterscheiden kann!

❶ **Hochstellen:** Aktivieren Sie die Eingabe von Großbuchstaben.

❷ **Sonderzeichen / Zahlen:** Geben Sie Zahlen sowie einige wichtigen Sonderzeichen ein.

❸ **Tastaturbelegung wechseln und Smileys auswählen:** Wählen Sie Smileys und Symbole unterschiedlichster Art, die in den Text übernommen werden. Um die Tastaturbelegung zu wechseln, tippen Sie etwas fester auf die Taste.

❹ **Spracheingabe:** Über diese Taste aktivieren Sie die Spracheingabe mit Siri über das eingebaute Mikrofon Ihres iPhone oder iPad.

⑤ Leerzeichen: Geben Sie hier ein Leerzeichen ein.

⑥ Eingabetaste: Mit der Eingabetaste bestätigen Sie Eingaben und erzeugen einen neuen Absatz bei der Texteingabe.

⑦ Löschen: Diese Taste dient zum Löschen der eingegebenen Zeichen. Betätigen Sie die Taste länger, werden ganze Worte gelöscht.

⑧ Rückgängig und Zwischenablage: Machen Sie die letzten Eingaben rückgängig und greifen Sie auf die Zwischenablage zu.

⑨ Formatieren und Tabelle einfügen: Hier finden Sie die Wortvorschläge der Rechtschreibprüfung.

⑩ Wortvorschläge: Hier finden Sie die Wortvorschläge der Rechtschreibprüfung.

⑪ Liste: Liste zum Abhaken einfügen.

⑫ Medien einfügen: Über dieses Symbol öffnen Sie ein Untermenü, in dem Sie wählen können, ob Sie Ihrem Text ein bereits aufgenommenes Foto oder eines direkt aus der Kamera hinzufügen möchten, ob es eine Datei aus iCloud Drive oder von Ihrem Gerät sein soll oder ob Sie mit der Kamera Ihres iPhone oder iPad ein Dokument scannen und in den Text übernehmen möchten.

⑬ Markieren: Nehmen Sie Markierungen im Dokument vor.

⑭ Tastatur aus-/einblenden: Falls Sie eine externe Tastatur verwenden, können Sie mit dieser Taste die Bildschirmtastatur ausblenden.

Texteingabe

Bis auf die Größe und einige zusätzliche Tasten sowie Funktionen ist die Bildschirmtastatur mit einer normalen, externen Tastatur vergleichbar. Allerdings erhalten Sie beim Betätigen der Tasten keine Rückmeldung, da es sich um eine virtuelle Tastatur und keine physische handelt. Ansonsten geben Sie den Text mit der Bildschirmtastatur wie gewohnt ein.

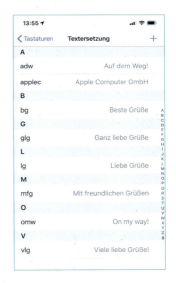

Tastatureinstellungen

Möchten Sie Einstellungen an der Tastatur vornehmen und beispielsweise die *Autokorrektur* abschalten oder Kürzel zur Textersetzung angeben, wie zum Beispiel „bg" für „Beste Grüße", dann können Sie dazu die Tastatureinstellungen nutzen. Diese finden Sie in den *Einstellungen* über den Eintrag *Allgemein* sowie *Tastatur*.

Text durch Wischen eingeben

Sofern Sie bereits Erfahrungen mit Android-Geräten haben, wissen Sie, dass dort der Text auch über Wischen auf der Tastatur eingegeben werden kann. Dies ist seit iOS 13 oder iPadOS 13 auch an iPad und iPhone möglich – Apples Bezeichnung für diese Funktion heißt *QuickPath*. Sie aktivieren und nutzen sie auf die folgende Weise:

1 Bei eingeblendeter Bildschirmtastatur ziehen Sie auf der Tastatur Daumen und Zeigefinger zusammen – dadurch wird die schwebende Tastatur aktiviert, die Sie weitgehend frei auf dem Bildschirm platzieren können.

2 Um nun den Text einzugeben, wischen Sie auf der Tastatur mit dem Zeigefinger von einem Buchstaben zum nächsten.

3 Den Rest übernimmt die „künstliche Intelligenz" Ihres iPad oder iPhone. Das heißt, sie erahnt, was Sie eingeben wollen und ergänzt die Eingabe entsprechend. Mit etwas Übung funktioniert das auch ganz gut.

Mit den Daumen tippen

Falls Sie es vorziehen, den Text mit den beiden Daumen einzugeben, können Sie die Tastatur stattdessen teilen:

1 Blenden Sie die Bildschirmtastatur in einer App zur Texteingabe ein.

2 Spreizen Sie – ungefähr über der Leertaste – Daumen und Zeigefinger.

3 Die Tastatur wird geteilt und ist an der linken und rechten Seite des Displays zu finden. Nun können Sie Ihren Text mit dem linken und rechten Daumen eingeben.

Sonderzeichen und Zeichen mit Akzent?

In der Regel sind auf den ersten Blick keine Zeichen mit Akzent und andere Sonderzeichen auf der Bildschirmtastatur zu finden. Um diese einzugeben, drücken und halten Sie die entsprechende Taste, wie zum Beispiel „e". Daraufhin werden dazugehörige Zeichen in einem Pop-up-Menü angezeigt. Wählen Sie das gewünschte Zeichen per Fingertipp aus.

Texte markieren, kopieren und einfügen

Auch wenn Funktions- und Steuertasten auf der Bildschirmtastatur weitgehend fehlen, lassen sich dennoch Textstellen markieren, ausschneiden, kopieren und einfügen – und zwar auf die folgende Weise:

1 Tippen Sie so lange auf eine Textstelle, bis ein kleines Pop-up-Menü erscheint.

2 Um eine Textstelle auszuwählen, tippen Sie auf den Befehl *Auswählen* und markieren anschließend den gewünschten Text.

3 Zum *Ausschneiden* oder *Kopieren* tippen Sie nun auf die entsprechenden Befehle.

4 Um den Text später woanders einzusetzen, gehen Sie genauso vor, tippen aber auf den Befehl *Einsetzen*.

Text am iPad mit Gesten kopieren, ausschneiden und einfügen

Am iPad unter iPadOS haben Sie weitere Möglichkeiten der Textbearbeitung über Gesten. Einige davon funktionieren auch am iPhone:

▶ **viermal auf einen Absatz tippen:** Absatz markieren

▶ **Finger über Textabschnitt ziehen:** Textabschnitt markieren

▶ **dreimal auf Satz tippen:** Satz markieren

▶ **zweimal auf Wort tippen:** Wort markieren

▶ **drei Finger über Textabschnitt zusammenziehen:** Textabschnitt kopieren

▶ **drei Finger über Textabschnitt auseinanderziehen:** Textabschnitt einfügen

▶ **mit drei Fingern nach links wischen:** Eingabe/Aktion rückgängig machen

▶ **mit dem Finger den Cursor ziehen:** Cursor bewegen

Text formatieren

In bestimmten Programmen, wie der *Notizen*-App (siehe Seite 106), haben Sie die Möglichkeit, den Text zu formatieren, zum Beispiel *kursiv* oder *fett*:

1 Tippen Sie so lange auf eine Textstelle, bis das kleine Pop-up-Menü erscheint.

2 Markieren Sie den Text, wie oben beschrieben, über den Befehl *Auswählen*.

3 Tippen Sie auf den Eintrag *B/U*, um den Text zu formatieren, bei Bedarf tippen Sie auf den *kleinen weißen Pfeil*, um den Eintrag anzuzeigen.

4 Alternativ können Sie die Formatierungsfunktionen auch anzeigen lassen, wenn Sie links oben an der Bildschirmtastatur auf die *zwei kleinen Buchstaben* tippen.

Autokorrektur und Rechtschreibprüfung

Ihr iPad oder iPhone besitzt eine eingebaute Autokorrektur und Rechtschreibprüfung. Daher schlägt es bei falsch geschriebenen Wörtern oberhalb der Bildschirmtastatur Alternativen vor. Diese können Sie bei Bedarf durch einen Fingertipp übernehmen.

Intelligente Satzergänzung

Noch praktischer ist die intelligente Satzergänzung. Anhand des von Ihnen bereits geschriebenen Textes versucht *Quick Type* zu erkennen, wie der Satz weitergehen könnte, und schlägt Wörter vor, die erstaunlicherweise oft passen. Die vorgeschlagenen Wörter können Sie per Fingertipp in Ihren Text übernehmen. Um diese Satzergänzung zu aktivieren, gehen Sie so vor:

1 Tippen Sie so lange auf die Taste mit dem Smiley/ der Weltkugel, bis ein Menü erscheint.

2 Tippen Sie dort auf *Tastatureinstellungen* und aktivieren Sie gegebenenfalls die Option *Vorschläge*.

3 Anschließend werden Ihnen beim Schreiben oberhalb der Tastatur Vorschläge unterbreitet – in Form von Worten, Wortergänzungen oder sogar Symbolen (statt Worten), die Sie per Fingertipp übernehmen können.

Wörter nachschlagen

Einzelne Wörter oder Begriffe können Sie im Wörter-
buch Ihres iPhone und iPad gezielt nachschlagen. Hierbei gehen Sie wie folgt vor:

1 Tippen Sie auf eine Textstelle, bis das Kontextmenü
erscheint.

2 Markieren Sie den Text, wie oben beschrieben, über
den Befehl *Auswählen*.

3 Tippen Sie nun auf den Eintrag *Nachschlagen*.

4 In einem kleinen Fenster erscheint der Eintrag des
Wörterbuchs. Mit einem Fingertipp auf die entspre-
chende Schaltfläche können Sie auch eine Suche über
Google durchführen.

Der Trackpad-Modus der Tastatur

Die Bildschirmtastatur Ihres iPad und iPhone verfügt auch über einen versteckten Trackpad-Modus, um die Einfügemarke oder den
Cursor dort zu platzieren, wo Sie ihn benötigen. Blenden Sie dazu
die Bildschirmtastatur ein und betätigen Sie so lange die Leertaste,
bis die Zeichen auf der Tastatur verschwinden. Nun bewegen Sie
den Finger auf dem eingeblendeten Trackpad an die gewünschte
Stelle. Heben Sie erst jetzt Ihren Finger vom Bildschirm. Anschließend erscheint wieder die normale Bildschirmtastatur.

Sprachbedienung mit Siri

Mit Siri lässt sich Ihr iOS-Gerät nahezu vollständig bedienen und
steuern. Sie können per Sprachbefehl Apps starten, in der Wikipedia
nachschlagen, nach Datum, Uhrzeit oder der Wettervorhersage

fragen, die Musik eines bestimmten Interpreten hören oder auch Texte diktieren, vorlesen und übersetzen lassen.

Inzwischen ist Siri auch „lernfähig" und kann den Umgang mit Apps von Drittanbietern lernen, indem Sie entsprechende Kurzbefehle definieren und Routinen zusammenstellen. Um Siri zu nutzen, müssen Sie sie zunächst aktivieren und einrichten.

Siri konfigurieren

Sollte Siri nicht wie üblich bereits bei der Einrichtung Ihres iPhone und iPad aktiviert sein, gehen Sie so vor:

1 Öffnen Sie die *Einstellungen > Siri & Suchen*.

2 Schalten Sie Siri ein. In diesem Zusammenhang ist es erforderlich, zunächst die Datenschutzbestimmungen zu bestätigen, denn ihre Spracheingaben werden online an einen Apple-Server übermittelt und dort verarbeitet. Diesem Vorgang müssen Sie zustimmen.

3 Damit Sie bereits beim Sperrzustand auf Siri zugreifen können, schalten Sie die entsprechende Option ebenfalls ein.

4 Möchten Sie die Möglichkeit nutzen, Siri mit „Hey Siri" aufzurufen, dann aktivieren Sie die Einstellung und folgen den Anweisungen zur Erkennung Ihrer Stimme.

5 Unten in den Einstellungen können Sie noch die gewünschte Sprache wählen und ob die Stimme von Siri weiblich oder männlich sein soll.

Wie befrage ich Siri?

Neben dem bereits erwähnten Sprachbefehl „Hey Siri" gibt es weitere Möglichkeiten, Siri aufzurufen:

▶ **Home-Taste** (sofern verfügbar) länger drücken.

▶ **Standby-Taste / Seiten-Taste** länger drücken.

▶ **Mikrofonsymbol** antippen, das in Apps, Texteingabefeldern und der Bildschirmtastatur integriert ist.

Welche Fragen versteht Siri?

Um Siri zu befragen, können Sie normal sprechen und formulieren. Achten Sie auf eine deutliche Aussprache. Ansonsten lassen Sie Ihrer Kreativität und Fantasie freien Lauf. Sie werden sich wundern, wie leistungs- und lernfähig Siri ist. Hier einige Beispiele:

▶ „Hey Siri, wie ist das Wetter in Hamburg?"
▶ „Hey Siri, wie viel Uhr ist es in Peking?"
▶ „Hey Siri, rufe bei Erika Mustermann an!"
▶ „Hey Siri, zeige mir die Route zum Flughafen!"

Du kannst mich z. B. Folgendes fragen:

Telefon „Rufe Tobias an"

FaceTime „FaceTime-Anruf mit Tobias"

Apps „Öffne Fotos"

Nachrichten „Sage Diana ich bin gleich da"

Text diktieren

Falls in einer App die Eingabe von Text möglich ist, wie zum Beispiel in der *Notizen-*, *Mail-* oder *Nachrichten*-App, dann können Sie Siri Ihren Text auch diktieren.

1 Starten Sie etwa die *Notizen*-App und tippen Sie rechts unten auf das Symbol *Neue Notiz*.

2 Tippen Sie auf das *Mikrofon-Symbol* und sprechen den Nachrichtentext laut und deutlich. Für Satzzeichen diktieren Sie „Punkt" oder „Komma". Möchten Sie eine neue Zeile beginnen, sagen Sie „Neue Zeile". Für einen neuen Absatz einfach „Neuer Absatz".

3 Sind Sie mit Ihrem Diktat fertig, tippen Sie auf *Fertig*.

Nachricht diktieren und versenden

Sehr bequem ist es auch, eine E-Mail oder Nachricht zu diktieren und von Siri gleich versenden zu „lassen". Am Beispiel der *Nachrichten*-App zeigen wir Ihnen, wie Sie vorgehen:

1 Betätigen Sie die *Home-Taste*, bis Siri gestartet ist. Sprechen Sie „Sende Nachricht an Erika Mustermann".

2 Sprechen Sie den Nachrichtentext. Falls Sie unterbrochen werden, tippen Sie auf das *Mikrofon-Symbol* und sprechen den Nachrichtentext laut und deutlich.

3 Möchten Sie die Nachricht verschicken, sagen Sie „Senden". Zum Abbruch sagen Sie stattdessen „Abbrechen". Falls es erforderlich sein sollte, tippen Sie zuvor noch einmal auf das *Mikrofon-Symbol*.

Weitere nützliche Siri-Funktionen

▶ **Mit Siri übersetzen:** Sagen Sie beispielsweise: „Hey Siri, übersetze: ‚Es ist heiß'", wählen Sie dann die Sprache aus.

▶ **Apple-Geräte mit Siri finden:** Sagen Sie einfach: „Hey Siri, finde mein iPhone." Anschließend wird auf dem iPhone oder iPad ein Signalton abgespielt. Das Ganze funktioniert so problemlos und schnell wie bei einem herkömmlichen Schlüsselfinder.

▶ **Taschenlampe mit Siri anschalten:** Sagen Sie einfach: „Hey Siri, schalte die Taschenlampe ein (oder aus)."

Die Kurzbefehle-App

Über die *Kurzbefehle*-App können Sie vordefinierte Kurzbefehle für Siri nutzen sowie neue erstellen. Unterstützt werden dabei alle Apps von iOS 13 und iPadOS 13 sowie viele Apps von Drittanbietern.

1 Starten Sie die *Kurzbefehle*-App und tippen Sie auf *Meine Kurzbefehle*. Einige Beispiele für Kurzbefehle sind bereits vorhanden. Probieren Sie einen davon aus.

2 Um einen neuen Befehl zu erstellen, tippen Sie auf das *Plus*-Zeichen und dann auf *Aktion hinzufügen*. Wählen Sie unter *Vorschläge* einen passenden für einen Kurzbefehl aus und tippen Sie auf *Weiter*.

3 Geben Sie einen Namen für den Kurzbefehl ein und tippen Sie auf *Fertig*. Der Kurzbefehl wird unter den bereits vorhandenen Befehlen abgelegt.

4 Um den Befehl zu nutzen, sagen Sie „Hey Siri, (Name des Kurzbefehls)" – und er wird ausgeführt.

Sperr- und Home-Bildschirm

Der Sperrbildschirm erscheint, wenn Ihr iPhone oder iPad eingeschaltet, aber noch nicht entsperrt ist. Der Home-Bildschirm hält eine Übersicht aller installierten Apps bereit und mehr.

Der Sperrbildschirm

Im Einzelnen hat der Sperrbildschirm von iPhone und iPad folgende Aufgaben:

▶ **Sperre:** Unbefugte können nicht einfach so auf Ihr iPhone oder iPad zugreifen, denn ihnen fehlt ein Zugangscode. Nur Sie können das Gerät mittels Face ID oder Touch ID freischalten.

▶ **Schutz:** Apps und Funktionen können nicht aus Versehen gestartet werden, solange sich Ihr iPhone / iPad in der Tasche befindet.

▶ **Information:** Auf einen Blick sehen Sie bereits Datum, Uhrzeit und Akkustand sowie auf Wunsch neue Nachrichten und E-Mails.

▶ **Kontrollzentrum:** Schneller Zugriff auf Einstellungen wie Lautstärke oder Helligkeit des Bildschirms.

▶ **Suche:** Starten Sie schnell eine Suche. Die Ergebnisse werden aber erst angezeigt, wenn Sie sich angemeldet haben.

▶ **Kamera:** Starten Sie schnell die *Kamera*-App.

Einige dieser Funktionen können Sie selbst (de)aktivieren. Gehen Sie zu *Einstellungen > Touch ID & Code > Im Sperrzustand Zugriff*

erlauben und wählen Sie, welche Funktionen Sie auf dem Sperrbildschirm zulassen möchten.

Übersicht über den Sperrbildschirm

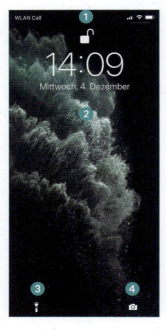

① **Statusleiste:** In der Statusleiste finden Sie wichtige Informationen zur WLAN-Verbindung, zum Mo-
bilfunkempfang sowie zur Aktivität von Bluetooth-
Verbindungen. Auch der Akkustand wird dort angezeigt oder ob eine App gerade den Ortungsdienst
nutzt. Des Weiteren finden Sie in der Statusleiste
Datum und Uhrzeit.

② **Mitteilungen:** Wichtige Mitteilungen und E-Mails
werden, falls vorhanden, an dieser Stelle auf dem
Sperrbildschirm aufgelistet. Welche diese sind und
in welcher Weise sie angezeigt werden, bestimmen
Sie in den *Einstellungen* (siehe den Abschnitt „Mitteilungen vom Sperrbildschirm verbannen" auf Seite 57).

③ **Taschenlampe:** Die Taschenlampe (der LED-Blitz)
lässt sich hier einschalten.

④ **Kamera:** Auch die *Kamera*-App können Sie von
hier aus öffnen und ein Foto schießen oder ein Video
aufnehmen.

Überblick über den Home-Bildschirm

Zum Home-Bildschirm gelangen Sie, indem Sie vom unteren Rand
des Bildschirms schnell nach oben wischen oder bei älteren Model-
len über die *Home-Taste*. Anschließend melden Sie sich – je nach
Phone- oder iPad-Modell – per Touch ID (siehe Seite 62) oder *Face
ID* (siehe Seite 23) an oder geben alternativ Ihren Code ein.
Haben Sie sich erfolgreich angemeldet, erscheint der erste Home-
Bildschirm Ihres iPhone oder iPad. Auf diesem finden Sie die Sta-
tusleiste, das Dock und die Standard-Apps.

Die wichtigsten Apps

▶ **FaceTime:** Mit dieser App führen Sie Videotelefonate.

▶ **Kalender:** Im Kalender verwalten Sie alle Ihre Termine. Auf Wunsch können Sie sich auch vom iPhone und iPad an Ihre Termine erinnern lassen.

▶ **Fotos:** Die *Foto*-App dient zur Anzeige und Bearbeitung der gespeicherten Fotos.

▶ **Kamera:** Mit *Kamera*-App schießen Sie Fotos und drehen Videos. Die Qualität ist vor allem beim iPhone 11 und iPhone 11 Pro bemerkenswert und kommt einer guten Kompakt- oder sogar Systemkamera schon recht nah.

▶ **Mail:** Mail ist das Standardprogramm zum Empfangen und Verfassen von E-Mails.

▶ **Uhr:** Dank der *Uhr*-App verschlafen Sie nie mehr. Hier können Sie ebenso den Wecker stellen, eine Stoppuhr starten oder Ihre „Schlafenszeit" definieren.

▶ **Karten:** Über die *Karten*-App finden Sie schnell den gewünschten Ort. Außerdem können Sie sie zur Tourenplanung nutzen.

▶ **Wetter:** Die *Wetter*-App zeichnet für die Wettervorhersage verantwortlich.

▶ **Erinnerungen:** Mit dieser App vergessen Sie nie wieder einen Termin oder eine Aufgabe, die unbedingt erledigt werden sollte.

▶ **Notizen:** Die *Notizen*-App kann mehr als nur Ihre Notizen verwalten. Sie können auch kleine Zeichnungen erstellen oder Fotos in die Notizen einfügen. Außerdem können Sie Ihre Notizen gemeinsam mit anderen bearbeiten.

▶ **Aktien:** Verfolgen Sie mit der *Aktien*-App die Börsenkurse und studieren Sie Wirtschaftsnachrichten.

▶ **Bücher:** Die *Bücher*-App dient zum Kaufen, Herunterladen, Verwalten und natürlich auch Lesen von E-Books.

▶ **App Store:** Im App Store finden Sie neue Apps und können bei Bedarf die bereits installierten Apps aktualisieren.

▶ **Podcasts:** Hier können Sie Ihre neuesten Podcasts anhören.

▶ **TV:** Über die *TV*-App greifen Sie auf Ihre eigenen Filme und TV-Sendungen ebenso zu wie auf unterstützte Streamingdienste. Zudem können Sie Filme und TV-Sendungen im iTunes Store erwerben oder ausleihen.

 ▶ **Health:** Die App verwaltet Ihre Gesundheits- und Fitnessdaten.

 ▶ **Home:** Die *Home*-App dient zum Verwalten Ihres „smarten" Hauses. Damit lässt sich die Heizung steuern, das Licht einschalten und vieles mehr. Hierfür sind allerdings kompatible Steuergeräte erforderlich. Des Weiteren konfigurieren Sie mit der *Home*-App Ihren HomePod, falls Sie einen besitzen.

 ▶ **Wallet:** Die „digitale Brieftasche" mit virtuellen Kreditkarten, Bordkarten und dergleichen.

 ▶ **Einstellungen:** Die *Einstellungen*-App werden Sie sehr oft benötigen. Über die *Einstellungen*-App konfigurieren Sie Ihr iPhone oder iPad, das Betriebssystem und weitere installierte Apps.

 ▶ **Aktivität:** Verfolgen Sie mit dieser App, wie aktiv Sie den Tag über sind und wie viele Schritte Sie zurücklegen.

 ▶ **iTunes Store:** Hier können Sie neue Musik, Filme und Fernsehsendungen erwerben und auf Ihr iPhone laden.

  ▶ **Telefon:** Mit der *Telefon*-App führen und verwalten Sie Ihre Telefongespräche am iPhone.

 ▶ **Safari:** Mit Safari surfen Sie durch das World Wide Web, können Lesezeichen anlegen und Webseiten in eine Leseliste aufnehmen.

▶ **Nachrichten:** Die *Nachrichten*-App dient zur Kommunikation über SMS mit anderen Mobilfunkteilnehmern sowie zum Versenden an und Empfangen von Nachrichten anderer iPhone-, iPad- und Mac-Anwender.

 ▶ **Musik:** Die App zum Abspielen der auf Ihrem iOS-Gerät befindlichen Musik sowie dem Zugriff auf Apple Music (siehe Seite 132).

Weitere Elemente auf dem Home-Bildschirm

 ▶ **Statusleiste:** Ganz oben finden Sie das Datum und die Uhrzeit sowie die Stärke von WLAN-und Mobilfunkempfang.

▶ **Dock:** Unten auf dem Dock können Sie vier Apps ablegen, die Sie sehr oft nutzen.

▶ **Weitere Home-Bildschirme:** Die kleinen weißen Punkte zeigen an, dass es weitere Home-Bildschirme gibt, zu denen Sie per Wischgeste wechseln können.

Weitere Home-Bildschirme einrichten und nutzen

Auf jeden Home-Bildschirm Ihres iPhone oder iPad passt immer nur eine bestimmte Anzahl Symbole – und zwar bis zu 24 (die Symbole im Dock ausgeschlossen). Um dennoch alle App-Symbol anzeigen zu können, besitzt das Gerät mehrere Home-Bildschirme, zwischen denen Sie per Wischgeste wechseln.

▶ **Um den nächsten Home-Bildschirm aufzurufen,** wischen Sie auf dem Display von rechts nach links.

▶ **Möchten Sie** den vorherigen Home-Bildschirm aufrufen, wischen Sie von links nach rechts.

▶ **Des Weiteren** gelangen Sie mit einem Fingertipp auf einen der *kleinen weißen Punkte* unten, welche die Home-Bildschirme symbolisieren, direkt zum entsprechenden Bildschirm.

▶ **Reicht der Platz** für die vorhandenen Apps nicht mehr aus, wird automatisch ein weiterer Home-Bildschirm angelegt. Auf Wunsch können Sie einen neuen Home-Bildschirm manuell erstellen, wenn Sie ein Symbol an den rechten Rand des Displays ziehen – und zwar so weit, bis der neue, leere Home-Bildschirm erscheint.

Der Suchbildschirm

Über den Suchbildschirm können Sie auf Ihrem iPhone oder iPad nach Apps, Daten und Medien suchen. Außerdem werden bei der Suche der iTunes Store, Wikipedia und das Internet einbezogen. So nutzen Sie den Suchbildschirm:

1 Wischen Sie ungefähr in der Mitte des Displays von oben nach unten. Alternativ können Sie so lange von links nach rechts wischen, bis der Suchbildschirm erscheint.

2 Geben Sie den oder die Suchbegriff(e) ins Suchfeld ein.

3 Das Suchergebnis wird – geordnet nach den unterschiedlichen Kategorien – aufgelistet. Webseiten können Sie direkt aufrufen, Apps sofort laden und Medien abspielen.

4 Unter *Siri-Vorschläge* finden Sie Apps und Einträge, die Ihnen Siri – basierend auf Ihren bisherigen Aktivitäten – empfiehlt.

Apps verwalten

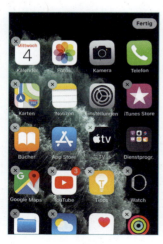

Die auf den unterschiedlichen Home-Bildschirmen befindlichen Apps können verschoben, sortiert und zum größten Teil gelöscht werden. Außerdem lassen sich Ordner anlegen und Apps in diese verschieben, um auf dem Home-Bildschirm Platz zu sparen oder die Apps eines Genres in einem Ordner zusammenzufassen.

Apps verschieben

1 Tippen Sie so lange auf deren *Symbol*, bis es zu vibrieren beginnt. Halten Sie es weiterhin gedrückt.

2 Verschieben Sie die App nun und platzieren Sie sie an der gewünschten Stelle. Beenden Sie den Vorgang per *Home-Taste* bzw. mit *Fertig* oben rechts.

3 Eine zusätzliche Möglichkeit finden Sie im Kontextmenü der App. Tippen Sie dazu etwas länger auf das *Symbol* und wählen Sie den Eintrag *Home-Bildschirm bearbeiten* aus. Auch dann können Sie Apps verschieben.

Apps im Dock ablegen

1 Tippen Sie so lange auf das *Symbol* der App, bis dieses zu vibrieren anfängt.

2 Ziehen Sie die App auf das Dock. Insgesamt passen bis zu 13 App-Symbole ins Dock eines iPad und vier ins Dock des iPhone.

3 Allerdings können Sie auch im Dock Ordner ablegen und erstellen! Hier gehen Sie wie im Folgenden beschrieben vor.

Apps in Ordnern ablegen

1 Tippen Sie so lange auf das *Symbol* der ersten App, bis dieses zu vibrieren beginnt. Oder tippen Sie etwas länger, bis das Kontextmenü der App erscheint, und wählen Sie dann *Home-Bildschirm bearbeiten*.

2 Ziehen Sie das Symbol der ersten App auf das Symbol einer zweiten App.

3 Automatisch wird ein Ordner angelegt, dem Sie anschließend einen passenden Namen geben können.

4 Danach können Sie darin weitere Apps desselben Genres in den Ordner legen.

5 Der gesamte Ordner lässt sich ebenfalls an den von Ihnen gewünschten Ort oder auf einen anderen Home-Bildschirm schieben

Zwischen verschiedenen Apps wechseln

1 Zwischen den gestarteten Apps wechseln Sie mit dem App-Umschalter von iOS 13 und iPadOS 13. Diesen öffnen Sie, indem Sie vom unteren Rand des Bildschirms nach oben wischen und in der Mitte kurz innehalten.

2 Bei einem iPhone und iPad mit Home-Button betätigen Sie diesen zweimal kurz hintereinander.

3 Blättern Sie durch die geöffneten Apps und wählen die gewünschte App mit einem Fingertipp aus.

Apps beenden

In der Regel ist es nicht erforderlich, Apps wie am Mac oder Windows-PC gezielt zu beenden, da iOS 13 und iPadOS 13 selbst dafür sorgen, dass inaktive Apps keine Systemressourcen nutzen. Falls eine App aber einmal Probleme bereiten sollte, können Sie diese gezielt beenden.

1 Öffnen Sie den App-Umschalter, indem Sie vom unteren Rand des Bildschirms nach oben wischen und in der Mitte kurz innehalten oder zweimal kurz hintereinander den Home-Button betätigen.

2 Blättern Sie durch die geöffneten Apps und wählen die gewünschte App aus. Wischen Sie nun auf dem Display von unten nach oben, um die App zu beenden.

3 Gleich mehrere Apps lassen sich auf einmal schließen, indem Sie auf den Apps mit mehreren Fingern nach oben wischen.

Apps löschen und deinstallieren

1 Tippen Sie auf das Symbol der ersten App, bis dieses zu vibrieren beginnt, oder so lange, bis das Kontextmenü erscheint.

2 Dort wählen Sie *App löschen* und bestätigen es.

3 Alternativ wählen Sie *Home-Bildschirm bearbeiten*.

4 Tippen Sie auf das *kleine Kreuz* links oben am App-Symbol und bestätigen Sie es mit *Löschen*.

5 War es ein Versehen, gibt es jede App jederzeit wieder im App Store zum Herunterladen.

→ **Apple-eigene Apps löschen?**

Einige wenige Apps, etwa Safari oder die **Kamera**-App, sind schlicht nicht löschbar. Wenn Sie aber weder Aktien noch eine Apple Watch haben, können Sie neuerdings immerhin diese hauseigenen Apps von Apple löschen. Wurde eine dieser Apps doch versehentlich gelöscht, können Sie sie über den App Store jederzeit erneut installieren.

Am iPad mehrere Apps nebeneinander nutzen

Bereits unter iOS 12 wurde es erstmals möglich, am iPad, ganz wie am Mac oder Windows PC, mehrere Apps parallel zu nutzen und die Fenster nebeneinander anzuordnen. So nutzen Sie die Funktion bei iPadOS 13:

1 Starten Sie wie immer die erste App, zum Beispiel Safari.

2 Wischen Sie vom unteren Bildschirmrand nach oben, um das Dock anzuzeigen.

3 Wählen Sie aus dem Dock die zweite App aus.

4 Ziehen Sie nun diese App, wie beispielsweise Mail, an den rechten oder linken Rand des Bildschirms. Die App wird an dieser Stelle geöffnet.

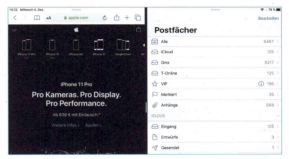

5 Um das Fenster zu vergrößern, ziehen Sie den Rand der App bis ungefähr in die Mitte des Displays.

6 Nun werden beide Apps nebeneinander angezeigt und Sie können mit beiden parallel arbeiten.

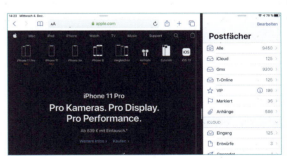

7 Alternativ haben Sie zusätzlich die Möglichkeit, weitere Apps zu öffnen.

Mehrere Fenster einer App öffnen

Mit iPadOS 13 haben Sie noch mehr Möglichkeiten. Sie können mehrere Fenster einer App parallel öffnen, wie zum Beispiel bei der *Dateien*-App.

1 Öffnen Sie die *Dateien*-App und wählen links oben einen *Speicherort* sowie einen *Ordner* aus.

2 Blenden Sie das Dock ein, indem Sie vom unteren Bildschirmrand nach oben wischen. Ziehen Sie das *Symbol* der *Dateien*-App an den rechten Bildschirmrand.

3 Wechseln Sie dort zu einem anderen *Speicherort* sowie *Ordner*. Auf diese Weise können Sie beispielsweise per *Ziehen & Ablegen* eine Datei von einem Speicherort und Ordner in einen anderen kopieren.

Schwebende Apps nutzen

Falls Sie das zweite Fenster oder die zweite App stattdessen verkleinert über dem bereits geöffneten Fenstern anzeigen wollen, dann erreichen Sie das wie folgt:

1 Starten Sie eine App, wie zum Beispiel Safari, um eine Webseite aufzurufen.

2 Parallel dazu möchten Sie einen Überblick über Ihre aktuellen E-Mails erhalten. Ziehen Sie das Symbol der *Mail*-App vom Dock auf die rechte oder linke Seite des Bildschirms, allerdings nicht bis ganz an den Rand.

3 In diesem Fall wird ein verkleinertes schmales Fenster der App angezeigt. Auf Wunsch können Sie dieses an der oberen Trennlinie auf dem Bildschirm Ihres iPad verschieben.

4 Nun ziehen Sie zusätzlich vom Dock das *Symbol* der *Nachrichten*-App auf das Fenster der *Mail*-App. Die *Nachrichten*-App wird verkleinert über Safari und die *Mail*-App angezeigt.

5 Zwischen der *Nachrichten*-, Mail- und *Safari*-App wechseln Sie nun, indem Sie von der unteren Trennlinie nach oben wischen. Die Apps werden aufgefächert angezeigt und Sie können eine App gezielt auswählen.

6 Um eine der schwebenden Apps zu schließen, wischen Sie von unten nach oben auf deren Fenster.

7 Möchten Sie die schwebende App verstecken, ziehen Sie diese in Richtung des Bildschirmrands. Zum Einblenden ziehen Sie diese wieder vom linken Bildschirmrand auf den Bildschirm.

8 Um wieder in die geteilte Ansicht zu wechseln, ziehen Sie die schwebende App an der oberen Trennlinie nach unten.

Der Bild-in-Bild-Modus

Falls Sie mit Ihrem iPad ein Video anschauen, ob mit der *Video*-App oder über YouTube beziehungsweise auf einer Internetseite, können Sie dabei auch den Bild-in-Bild-Modus nutzen. Hierbei wird das Video verkleinert dargestellt und Sie arbeiten ansonsten weiter.

Starten Sie das Video und spielen Sie es zunächst im Vollbild ab. Um die Bild-in-Bild-Funktion zu nutzen, tippen Sie erst auf das *Video* und dann links oben auf die *zwei kleinen Quadrate*. Das Video wird dann verkleinert in der rechten unteren Ecke angezeigt. Zur erneuten Vergrößerung der Darstellung tippen Sie erneut auf die *zwei kleinen Quadrate*.

Das Kontrollzentrum

Über das Kontrollzentrum erhalten Sie Zugriff auf wichtige Einstellungen wie Helligkeit, WLAN, Bluetooth, den Flug- und Nachtmodus und einiges mehr. Sie rufen das Kontrollzentrum auf, indem Sie vom rechten oberen Bildschirmrand nach unten wischen. Folgende Einstellungen sind dort in der Regel zu finden:

❶ Flugmodus: In diesem Modus werden alle drahtlosen Verbindungen gekappt.

❷ Drahtlose Verbindungen: Hier können Sie WLAN sowie Bluetooth einzeln aktivieren oder abschalten. Über AirDrop lassen sich Dateien mit anderen iOS-Geräten oder einem Mac austauschen.

❸ Ausrichtungssperre: Wenn Sie diese Sperre einschalten, dreht sich der Bildschirminhalt nicht mit, wenn Sie Ihr iPad neigen oder auf die Seite drehen. Vor allem wenn Sie das Gerät im Liegen nutzen, etwa beim E-Book Lesen, ist das empfehlenswert.

❹ Nicht stören: Möchten Sie nicht durch Anrufe, Meldungen oder Mitteilungen gestört werden, dann aktivieren Sie den Modus *Nicht stören* sowie die Stummschaltung. Wenn Sie etwas länger auf *Nicht stören* tippen, erscheint ein Menü, in dem Sie festlegen, wann der Nicht-stören-Modus automatisch wieder deaktiviert werden soll. Über *Zeitplan* können Sie dies punktgenau und auf Dauer festlegen.

❺ Helligkeit: Stellen Sie über den Schieberegler die Helligkeit des Displays ein. Ein beherzter Tipp zeigt weitere Einstellungen an wie *Night Shift* und *True Tone*.

❻ Lautstärke: Hier regeln Sie die Lautstärke – der internen ebenso wie der angeschlossenen externen Lautsprecher sowie der Kopfhörer.

❼ Bildschirmsynchronisation: Spiegeln Sie den Bildschirminhalt Ihres iPhone oder iPad an einem kompatiblen TV-Gerät oder über Apple TV.

❽ Taschenlampe: Nutzen Sie das LED-Blitzlicht auf der Rückseite als Taschenlampe.

9 **Timer:** Hier können Sie eine Stoppuhr beziehungsweise den Timer einstellen.

10 **Taschenrechner:** Starten Sie die *Taschenrechner*-App.

11 **Kamera:** Starten Sie die *Kamera*-App, um Fotos zu schießen.

12 **Fernbedienung:** Hier können Sie Ihr Apple TV aus der Ferne bedienen – mit iPhone und iPad.

13 **Dunkelmodus:** Hierüber werden Flächen schwarz dargestellt. Das kann angenehmer sein und spart Energie (siehe „Energiesparen", Seite 197).

14 **Home:** Steuern Sie hier Ihre Apple-HomeKit-kompatiblen Geräte, wie zum Beispiel den HomePod oder Apple TV.

15 **Mediensteuerung:** An dieser Stelle finden Sie die Bedienelemente zum Abspielen von Medien und die Einstellung der Lautstärke. Zudem geben Sie an, ob der Ton über den Lautsprecher oder den Kopfhöreranschluss oder ein anderes Gerät, wie etwa einem Bluetooth-Kopfhörer, abgespielt werden soll. Über AirPlay senden Sie den Bildschirminhalt Ihres iPhone an ein TV-Gerät, spielen Musik über einen HomePod oder ein anderes AirPlay-kompatibles Gerät ab (zu Apple TV und zum HomePod siehe ab Seite 136).

Die Mitteilungszentrale

In der Mitteilungszentrale finden Sie wichtige Mitteilungen installierter Apps und Dienste wie Nachrichtenmeldungen, persönliche Nachrichten oder eingegangene E-Mails. Um die Mitteilungszentrale aufzurufen, wischen Sie in der Mitte des Bildschirms von oben nach unten. Neue Mitteilungen werden übrigens auch dann angezeigt, wenn das iPad oder iPhone gesperrt ist. Um dies zu unterbinden oder einzuschränken, nehmen Sie die entsprechenden Einstellungen vor (siehe Seite 57)

Mitteilungen anzeigen

1 Um die Mitteilungszentrale anzuzeigen, wischen Sie auf dem Bildschirm von oben nach unten.

2 Tippen Sie etwas länger auf die Mitteilung, um eine Voransicht anzuzeigen.

3 Zum Lesen tippen Sie auf den Eintrag *Anzeigen*. Alternativ wischen Sie auf der Mitteilung von links nach rechts und tippen dann auf *Öffnen*.

Mitteilungen gruppieren

Damit viele Mitteilungen einer App nicht den gesamten Bildschirm bedecken, können Sie diese in Stapeln gruppieren.

1 Öffnen Sie die *Einstellungen* und tippen dort auf *Mitteilungen*.

2 Nun wählen Sie die gewünschte App aus und tippen anschließend neben *Mitteilungsgruppierung* auf den Eintrag *Automatisch*.

3 Anschließend werden die Mitteilungen der entsprechenden App gruppiert angezeigt.

4 Um später eine einzelne Mitteilung anzuschauen, tippen Sie doppelt auf die erste und wählen die gewünschte Mitteilung aus. Über einen Fingertipp auf *Weniger* rechts oben zeigen Sie diese erneut gruppiert an.

Mitteilungen gezielt entfernen

1 Wollen Sie Mitteilungen entfernen, tippen Sie rechts oben auf *das kleine Kreuz* und anschließend auf

Entfernen. Sind die Mitteilungen einer App gruppiert, werden alle Mitteilungen gelöscht.

2 Einzelne Mitteilungen entfernen Sie, indem Sie auf der Mitteilung von rechts nach links wischen und dann auf *Entfernen* tippen.

Mitteilungen vom Sperrbildschirm verbannen

Bei bestimmten Mitteilungen ist es besser, wenn diese nicht auf dem Sperrbildschirm erscheinen, wo sie jeder einsehen kann.

1 Um diese vom Sperrbildschirm zu verbannen, wischen Sie auf der Mitteilung langsam von rechts nach links und tippen dann auf *Verwalten*.

2 Im folgenden Menü wählen Sie *Diskret zustellen*, dann wird die Mitteilung auf dem Sperrbildschirm nicht mehr angezeigt.

3 Alternativ können Sie sich auf dem Sperrbildschirm auch nur anzeigen lassen, dass zwar eine Mitteilung eingegangen ist, der Inhalt aber erst nach Anmeldung über Face ID oder andere gewählte Anmeldemethoden angezeigt wird. Wählen Sie dazu in den *Einstellungen* zu den *Mitteilungen* die Einträge *Optionen > Vorschauen anzeigen > Wenn entsperrt*.

Die Ansicht „Heute"

Neben der Mitteilungszentrale hilft Ihnen die Ansicht „Heute", sich einen Überblick über Ihre täglichen Aktivitäten zu verschaffen. Hier werden nicht nur aktuelle Aufgaben und Termine angezeigt, sondern auch die Wettervorhersage, Nachrichten, welche Musik Sie

gerade bevorzugen, Ihre neueste Notiz und wie lange Sie das iPad oder iPhone am Tag schon genutzt haben.

Die Ansicht „Heute" einblenden

Möchten Sie die Ansicht aufrufen, wischen Sie vom linken Bildschirmrand nach rechts. Beim iPad wird die Ansicht „Heute" links am Home-Bildschirm angezeigt, am iPhone nimmt sie den gesamten Home-Bildschirm ein. Die entsprechenden Informationen werden über Widgets (Kleinstprogramme) der auf Ihrem iPad installierten Programme aufbereitet und angezeigt.

Um die Ansicht auf dem iPad im Querformat dauerhaft einzublenden, gehen Sie auf diese Weise vor:

1 Öffnen Sie die *Einstellungen* und wählen Sie dort den Eintrag *Home-Bildschirm* und *Dock*.

2 Aktivieren Sie die Option *Ansicht Heute im Home-Bildschirm behalten*.

Überblick über die Ansicht „Heute"

Nun erhalten Sie einen Überblick über die Ansicht „Heute". Die Reihenfolge und Zusammensetzung der dort erscheinenden Widgets können variieren.

1 **Wettervorhersage:** Die Wettervorhersage an Ihrem gegenwärtigen Aufenthaltsort zeigt dieses Widget an.

2 **Als Nächstes:** Hier wird der nächste Termin in Ihrem Kalender angezeigt.

3 **Kalender:** An dieser Stelle finden Sie Ihre aktuellen Termine.

4 **Siri-App-Vorschläge:** Hier listet Ihnen Siri Ihre als Letztes sowie öfter genutzten Apps auf.

5 **News:** Die neuesten Nachrichten werden an dieser Stelle angezeigt. Bitte beachten Sie: Die eigentliche

News-App von Apple liegt für die deutsche Version von iOS oder iPadOS noch nicht vor, allerdings ist das dazugehörige Widget bereits aktiv.

⑥ Musik: Welche Musik Sie zuletzt auf Ihrem iPad oder iPhone gehört haben, wird hier angezeigt – genauer: das Cover des Albums oder Musiktitels.

⑦ Weitere Widgets: Mit weiteren Widgets kann die Ansicht „Heute" und ihre Funktionalität erheblich erweitert und aufgewertet werden.

Die Ansicht „Heute" anpassen

Rufen Sie die Ansicht zunächst auf und tippen Sie anschließend auf den Eintrag *Bearbeiten*. Nun wird die Liste der verfügbaren Widgets angezeigt. Das sind Kleinstprogramme, die in der Regel zu den auf Ihrem Gerät installierten Apps gehören. So gibt es Widgets für die *Kalender*-App, die Batterieanzeige, Nachrichten-Apps und so weiter. Möchten Sie ein Widget hinzufügen, tippen Sie auf das *grüne Plus*-Zeichen, zum Entfernen auf das *rote Minus*-Zeichen. Alle aktiven Widgets finden Sie in der *Mitteilungszentrale* über einen Fingertipp auf das Register *Widgets*.

Einstellen und konfigurieren

Hier erhalten Sie einen Überblick über die *Einstellungen*-App Ihres iPhone oder iPad. Die Einstellungen auf Ihrem Gerät können variieren: Nutzen Sie beispielsweise ein iPad Wi-Fi ohne Mobilfunkunterstützung, ist dort der Eintrag *Mobile Daten* nicht zu finden. Das Gleiche gilt unter Umständen auch für den Apple Pencil sowie weitere Funktionen.

Die Einstellungen-App

Die *Einstellungen*-App ist zweispaltig aufgebaut. In der linken Spalte befinden sich die Bezeichnungen der Einstellungen und in der rechten Spalte – die am iPad sichtbar ist und am iPhone per Fingertipp auf die Bezeichnungen aufgerufen werden muss – finden Sie deren jeweilige Optionen.

Zudem befinden sich in der linken Spalte oben die wichtigsten Einstellungen, an zweiter Stelle alle Einstellungen für die in iOS 13 enthaltenen Apps und ganz unten die Einstellungen für alle weiteren von Ihnen ergänzend installierten Apps.

❶ **Suchfeld:** Wischen Sie in den Einstellungen auf der linken Spalte etwas nach unten, erscheint das Suchfeld. Hier können Sie gezielt nach bestimmten Einstellungen suchen.

❷ **Ihr Konto:** Direkt darunter steht *Ihr Benutzername*, hinter dem sich die Konfiguration von iCloud, Ihrer Apple-ID und Ihres iTunes-Kontos verbirgt (siehe unten, Seite 62).

❸ **Flugmodus:** Wenn Sie den *Flugmodus* einschalten, kappen Sie alle drahtlosen Netzwerkverbindungen.

❹ **WLAN:** Hier schalten Sie die WLAN-Verbindung ein und wechseln bei Bedarf das WLAN-Netzwerk.

❺ **Bluetooth:** Über *Bluetooth* können Tastaturen, externe Lautsprecher oder Kopfhörer angeschlossen werden. Hier nehmen Sie deren Einstellungen vor.

❻ **Mobiles Netz:** Über *Mobiles Netz* nehmen Sie die Einstellungen Ihrer Mobilfunkeinstellungen vor und schauen nach, wie lange Sie über die Mobilfunkverbindung bereits telefoniert (beim iPhone) oder wie viel Sie im Internet gesurft haben (zur Konfiguration siehe Seite 64).

❼ **Persönlicher Hotspot:** Falls es Ihr Mobilfunkvertrag erlaubt, können Sie Ihr iPhone oder iPad als persönlichen WLAN-Hot-

spot nutzen und mit anderen WLAN-fähigen Geräten die Mobilfunkverbindung nutzen.

8 **Mitteilungen:** Hier geben Sie unter anderem an, ob eine App
Ihnen Mitteilungen über die Mitteilungszentrale schicken darf.

9 **Töne & Haptik:** Aktivieren Sie hier die Hinweistöne und legen
Sie die Lautstärke fest (siehe Seite 69).

10 **Nicht stören:** Falls Sie durch nichts gestört werden möchten,
aktivieren Sie diese Einstellung.

11 **Bildschirmzeit:** Über *Bildschirmzeit* finden Sie
nicht nur heraus, wie lange Sie bestimmte Apps
nutzen, Sie können für deren Nutzung auch ein
zeitliches Limit angeben.

12 **Allgemein:** Hier werden allgemeine Einstellungen
zur Softwareaktualisierung, dem Datum, der Uhrzeit, der automatischen Sperre und so weiter vorgenommen.

13 **Kontrollzentrum:** Schalten Sie hier den Zugriff auf
das Kontrollzentrum auf dem Sperrbildschirm ein
oder aus.

14 **Anzeige & Helligkeit:** Stellen Sie hier die Anzeige
und deren Helligkeit ein. Auch der Nachtmodus des
iPhone mit gedimmter Helligkeit und wenig wach-
haltenden Blauanteilen kann hier aktiviert werden.

15 **Home-Bildschirm & Dock (optional am iPad):**
Hier stellen Sie ein, wie Ihr Home-Bildschirm aussehen soll, legen Anzahl und Größe der Symbole fest und einiges mehr.

16 **Bedienungshilfen:** Die *Bedienungshilfen* dienen dazu, dass
körperlich eingeschränkte Personen das iPad oder iPhone einfacher bedienen können. Manche Einstellung ist auch für andere
Anwender interessant und von Nutzen.

17 **Hintergrundbild:** Möchten Sie Ihrem iPad oder iPhone eine
andere „Tapete" gönnen, finden Sie die Einstellung an dieser
Stelle.

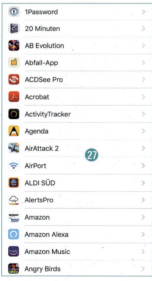

⑱ **Siri & Suchen:** Schalten Sie hier Siri ein und nehmen Sie Einstellungen an ihr vor.

⑲ **Face ID / Touch ID (optional) & Code:** Regeln Sie hier den Zugriff auf Ihr iPad oder iPhone mit einem Code oder per Gesichts-Scan beziehungsweise Fingerabdruck.

⑳ **Notruf SOS:** Nehmen Sie an dieser Stelle die Einstellungen zum Notruf vor.

㉑ **Batterie:** Finden Sie alles über den Ladezustand des Akkus und den Energieverbrauch heraus.

㉒ **Datenschutz:** Nehmen Sie hier die Einstellungen zum Datenschutz vor (siehe Seite 183).

㉓ **iTunes & App Store:** Hier nehmen Sie Einstellungen für den App Store und iTunes Store vor.

㉔ **Wallet & Apple Pay:** Verwenden Sie die *Wallet*-App und Apple Pay, dann sind die Einstellungen an dieser Stelle aufgelistet.

㉕ **Passwörter & Accounts:** Hiermit finden Sie nicht nur Ihre Passwörter für unterschiedliche Dienste, sondern auch Ihre E-Mail-Accounts, die Sie dort überdies einrichten können.

㉖ **System-Apps:** Die Einstellungen der wichtigsten Apps tätigen Sie hier.

㉗ **Apps von Drittanbietern:** All Ihre installierten Apps können Sie unter diesem Punkt konfigurieren.

WLAN-Netzwerk wechseln

Möchten Sie das WLAN-Netzwerk wechseln, etwa weil Sie sich unterwegs mit einem freien Hotspot verbinden wollen, dann gehen Sie folgendermaßen vor:

1 Öffnen Sie die *Einstellungen* und tippen Sie auf *WLAN*. Sorgen Sie gegebenenfalls dafür, dass die WLAN-Verbindung aktiviert ist.

2 Suchen Sie nun unter *Meine Netzwerke* oder *Andere Netzwerke* nach dem gesuchten WLAN-Netzwerk und wählen dieses aus.

3 Geben Sie das *WLAN-Kennwort* ein, falls eines benötigt wird. Anschließend werden Sie mit dem gewählten WLAN-Netzwerk verbunden.

Info

Vorsicht bei öffentlichen WLAN-Hotspots:
Aus Sicherheitsgründen sollten Sie in öffentlichen, unverschlüsselten WLANs keine sensiblen Daten wie Kreditkartennummer, wichtige E-Mails und so weiter senden und empfangen. Die Gefahr ist leider recht groß, dass jemand Unbefugtes mitlesen und die Daten für seine Zwecke missbrauchen könnte.

Bluetooth-Gerät koppeln

Um ein Bluetooth-Gerät wie etwa kabellose Lautsprecher oder Kopfhörer mit Ihrem iPhone oder iPad verwenden zu können, müssen Sie die beiden Geräte erst miteinander koppeln:

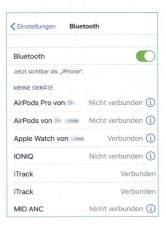

1 Schalten Sie Ihr Bluetoothgerät ein und betätigen Sie – falls erforderlich – die Taste zur *Kopplung*.

2 Aktivieren Sie *Bluetooth* in Ihren *Einstellungen*. Nun werden alle in der Nähe befindlichen, kompatiblen Geräte aufgelistet. Tippen Sie auf das gewünschte Gerät.

3 Hat alles funktioniert, erscheint neben dem Gerät *Verbunden*. Anderenfalls hilft es oftmals, Bluetooth am iPhone oder iPad kurz aus- und wieder einzuschalten.

4 Handelt es sich um eine Tastatur, werden Sie dazu aufgefordert, einen Code einzugeben, der auf dem Display des iPad oder iPhone angezeigt wird. Anschließend wird die Tastatur mit dem Gerät verbunden.

Mobilfunkverbindung einrichten

In der Regel müssen Sie die Mobilfunkverbindung nicht selbst konfigurieren – dies geschieht automatisch, wenn Sie die Micro-SIM-Karte installieren und das iPhone oder iPad aktivieren. Einige Einstellungen sind allerdings auch später wichtig.

Welche dies sind und wie Sie diese einschalten, erfahren Sie weiter unten.

Um zu den Mobilfunkeinstellungen zu gelangen, tippen Sie unter *Einstellungen* auf *Mobiles Netz*.

▶ **Mobile Daten:** Möchten Sie die Möglichkeit unterbinden, unterwegs über den Mobilfunk online zu gehen, dann schalten Sie die Funktion *Mobile Daten* ab. Weiter unten können Sie zudem einzelne Programme deaktivieren oder aktivieren, welche diese Funktion nutzen dürfen.

▶ **Datenoptionen:** Hier schalten Sie ein, ob die schnelle Datenverbindung über LTE genutzt werden soll und ob Sie über *Datenroaming* auch im Ausland online gehen wollen – was unter Umständen sehr teuer werden kann.

▶ **Persönlicher Hotspot:** Ihr iPhone oder iPad Wi-Fi + Cellular lässt sich unterwegs als mobiler Hotspot für andere WLAN-fähige Geräte nutzen.

▶ **Mobile Daten:** Möchten Sie herausfinden, wie viel Gigabyte Ihres Datenvolumens Sie bereits verbraucht haben und welche App einen besonders hohen Verbrauch generiert, schauen Sie an dieser Stelle nach.

Persönlicher Hotspot – Ihr selbst generiertes WLAN

Falls Sie neben Ihrem iPhone oder iPad andere WLAN-fähige Geräte, etwa ein iPod touch, ein E-Book-Reader oder ein Laptop, mit sich führen, können Sie damit online gehen, auch wenn kein WLAN verfügbar ist. Ihr iPhone oder iPad Wi-Fi + Cellular dient dabei als *Persönlicher Hotspot* – das heißt, Sie generieren sich Ihr eigenes

WLAN, in das Sie sich anschließend mit Ihrem Laptop einwählen können. Auf diese Weise surfen Sie auch mit Ihrem Laptop oder iPod touch über Ihr Mobilfunknetz.

Persönlichen Hotspot nutzen

Sind Sie auf den entsprechenden Geräten mit Ihrer Apple-ID angemeldet, müssen Sie gar nichts weiter tun, als auf dem Gerät den persönlichen WLAN-Hotspot (in der Regel mit der Bezeichnung *iPhone* oder *iPad*) zu wählen und schon können Sie online gehen. Bei anderen Geräten gehen Sie wie folgt vor:

1 Öffnen Sie die *Einstellungen* auf dem iPhone oder iPad Wi-Fi + Cellular und tippen Sie auf den Eintrag *Persönlicher Hotspot*.

2 Schalten Sie zunächst die Option *Zugriff für andere erlauben* ein und merken Sie sich das *WLAN-Passwort*.

3 Wechseln Sie zu Ihrem anderen WLAN-fähigen Gerät und öffnen Sie dort die *WLAN-Einstellungen*. Das genaue Vorgehen hängt von dessen Betriebssystem ab. Schauen Sie gegebenenfalls in der Online-Hilfe des Geräts nach.

4 Wählen Sie dort den Eintrag *iPhone* oder auch *iPad* und geben Sie das *WLAN-Passwort* ein.

5 Nachdem die WLAN-Verbindung aufgebaut wurde, können Sie über Ihr iPhone oder iPad online gehen. Bitte beachten Sie: Wenn Sie von anderen Geräten als über den persönlichen Hotspot online gehen, wird das Datenvolumen Ihres Mobilfunkvertrags genutzt.

→ **Online im Ausland**

EU-weit wurden die Roaminggebühren abgeschafft. Beachten Sie aber, dass etwa die Schweiz, Norwegen und auch Großbritannien nicht (mehr) Teil der EU sind. Günstig online gehen Sie dort am besten per passender Prepaid-SIM-Karte mit entsprechender Datenoption.

Mitteilungen einer App abschalten

Möchten Sie gezielt festlegen, welche App Ihnen eine Mitteilung über die Mitteilungszentrale schicken darf, dann erreichen Sie dies so:

1 Tippen Sie in den *Einstellungen* in der linken Spalte auf *Mitteilungen*.

2 Suchen Sie in der Liste rechts nach der App, deren Mitteilungen Sie deaktivieren möchten, und tippen Sie darauf.

3 Nun können Sie angeben, ob Mitteilungen überhaupt erlaubt sind, wie diese aussehen sollen und ob ein Ton dabei abgespielt wird.

4 Unter *Optionen* legen Sie über *Vorschauen zeigen* fest, ob diese auch auf dem Sperrbildschirm angezeigt werden sollen; es gibt die Einstellungen *Immer*, *Wenn entsperrt* oder *Nie*.

Anzeige & Helligkeit ändern

Das Display Ihres iPhone und iPad lässt sich auf unterschiedliche Weise konfigurieren und einrichten. Bei Bedarf können Sie den *Nachtmodus* aktivieren, der den Blauanteil des Lichts verringert, oder die Schriftdarstellung anpassen. Tippen Sie in den *Einstellungen* auf *Anzeige & Helligkeit*.

▶ **Oben** regulieren Sie mit einem Schieberegler die Helligkeit. Dies ist aber in der Regel nicht erforderlich, da die Helligkeit des Displays automatisch an das Umgebungslicht angepasst wird.

▶ **Über** *True Tone* wird zudem die Farbtemperatur des Displays an das Umgebungslicht angepasst, sofern dies von Ihrem iPad oder iPhone unterstützt wird.

▶ **Über** *Night Shift* geben Sie an, ab und bis wann der Nachtmodus in Kraft treten soll.

▶ **Mittels der Einstellungen** *Textgröße* sowie *Fetter Text* wird der Text auf dem iPhone oder iPad unter Umständen leserlicher.

Den Dunkelmodus einschalten

Nicht zu verwechseln mit dem Nachtmodus ist der Dunkelmodus – neu ab iOS 13 und iPadOS 13. In erster Linie dient er dazu, das Arbeiten in einer Umgebung mit wenig Licht angenehmer zu gestalten, weil die Augen aufgrund des dunklen Hintergrunds nicht mehr so geblendet werden. Er erlaubt also ein ergonomischeres Arbeiten.

Als netter Nebeneffekt hält der Akku etwas länger durch – dies gilt aber nur für iPhones mit OLED-Display – also dem iPhone X, XS und 11 Pro. Hier benötigt der dunkle Hintergrund aufgrund der Bauweise tatsächlich keinen Strom.

1 Tippen Sie in den *Einstellungen* auf *Anzeige & Helligkeit* und wählen Sie dort das Erscheinungsbild *Dunkel* aus.

2 Anderenfalls öffnen Sie das Kontrollzentrum, indem Sie vom oberen Rand des Bildschirms nach unten wischen und dort auf *Dunkelmodus* tippen (dunkler und heller Halbkreis).

3 Möchten Sie, dass der Dunkelmodus automatisch aktiviert wird, wählen Sie die Einstellung *Automatisch*.

4 Unter *Optionen* geben Sie an, ob der Dunkelmodus nach Sonnenuntergang aktiv wird oder aufgrund eines von Ihnen selbst gewählten Zeitplans.

Das Hintergrundbild anpassen

Das Hintergrundbild kann ebenfalls geändert werden. Apple liefert eine ganze Reihe unterschiedlicher Hintergrundbilder mit. Es lassen sich aber auch eigene Fotos als Hintergrundbild verwenden.

Dunkles Erscheinungsbild dunkelt das Hintergrundbild ab

1 Tippen Sie in den Einstellungen auf *Hintergrund-bild*. Zum Ändern tippen Sie auf *Neuen Hintergrund wählen*.

2 Suchen Sie sich den passenden Hintergrund aus. Bei den Hintergrundbildern von Apple können Sie sich auch ein dynamisches Bild wählen. Dieses wird animiert dargestellt.

3 Des Weiteren gibt es am iPhone auch *Live*-Hintergrundbilder. Hierbei handelt es sich um Live-Fotos (siehe Seite 149), die über einen festen Fingertipp zum „Leben" erweckt werden.

4 Damit das Hintergrundbild an den Dunkelmodus angepasst wird, wählen Sie ein Hintergrundbild in heller und dunkler Ausführung. Alle anderen Hintergrundbilder lassen sich durch die Einstellung *Dunkles Erscheinungsbild dunkelt das Hintergrundbild ab* an den Dunkelmodus angleichen.

5 Nachdem Sie sich für ein Hintergrundbild entschieden haben, geben Sie an, ob dieses für den Home-Bildschirm, den Sperrbildschirm oder beide verwendet werden soll, und tippen auf den entsprechenden Eintrag.

→ **Display gleich aktivieren**

Ab dem iPhone 8 und iPhone X kann das Display allein durch Anheben aktiviert werden. Zuvor müssen Sie allerdings die entsprechende Einstellung vornehmen. Diese finden Sie in den Einstellungen unter **Anzeige & Helligkeit**. Sie heißt: **Beim Anheben aktivieren**. Besitzt Ihr iPhone X oder aufwärts Face ID, so wird es dabei auch gleich entsperrt.

Systemtöne und Klingeltöne ändern

Nicht immer ist es gewollt, dass sich Ihr iPhone oder iPad lautstark meldet, wenn ein Anruf beziehungsweise eine Nachricht eingeht. Dasselbe gilt für E-Mails, Termine und anderes. Die Einstellungen dazu nehmen Sie beim iPhone unter *Töne* oder *Töne & Haptik* vor:

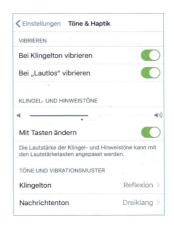

▶ **Vibrieren (nur iPhone):** Schalten Sie diese Optionen ein, wenn Ihr iPhone lautlos gestellt ist, jedoch vibrieren soll.

▶ **Klingeltöne und Hinweistöne:** Über den Schieberegler bestimmen Sie die Lautstärke. Alternativ können Sie natürlich auch die Lautstärketasten am linken Rand des iPhone betätigen.

▶ **Töne und Vibrationsmuster (nur iPhone):** Unter *Klingelton*, *SMS-Ton* etc. wählen Sie andere Klingel- oder Hinweistöne aus.

→ Klingeltöne für bestimmte Anrufer festlegen

Auf Wunsch lassen sich am iPhone für bestimmte Anrufer, wie Ihre/n Ehepartner/in, die Eltern, Kinder oder Freunde, besondere Klingeltöne einrichten. Starten Sie dazu die **Kontakte**-App und wählen Sie den entsprechenden Kontakt aus. Nachdem Sie rechts oben auf **Bearbeiten** getippt haben, können Sie unten über den Eintrag **Klingelton** einen speziellen Klingelton festlegen. Neue, kostenpflichtige Klingeltöne finden Sie unter anderem im iTunes Store (siehe Seite 125).

iCloud konfigurieren

Wie Sie bereits bei der Einrichtung erfahren haben, benötigen Sie, um Ihr iPhone oder iPad uneingeschränkt nutzen zu können, eine Apple-ID. Mit dem Erstellen Ihrer Apple-ID werden Sie auch bei iCloud und iCloud Drive – der Onlinefestplatte von Apple – angemeldet. Fünf GB Speicherplatz sind kostenlos, für mehr müssen Sie draufzahlen (zum Beispiel für 30 GB 99 Cent im Monat).

Auf iCloud werden nicht nur Ihre E-Mails gespeichert, sondern auch andere Daten, etwa Ihre Kontakte, Termine und Notizen. Auf diese Weise sind sie nicht nur überall verfügbar, sondern werden

auch mit allen Geräten, auf denen Sie mit Ihrer Apple-ID angemeldet sind, abgeglichen. Zudem können Sie auf iCloud Drive Dateien
anderer Art speichern, um diese online vorzuhalten. Damit Sie all
diese Funktionen nutzen können, sollten sie in den *Einstellungen*
freigeschaltet sein.

Wählen Sie dazu den Eintrag Ihrer Apple-ID (Ihr Name)
und tippen Sie auf *iCloud* – hier finden Sie die folgenden Optionen:

❶ **Fotos:** Die Synchronisierung der Alben Ihrer *Foto*-
App aktivieren Sie hier.

❷ **Mail, Kontakte, Kalender, Erinnerungen, Notizen, Nachrichten:** Schalten Sie hier die Synchronisierung der genannten Daten ein oder aus.

❸ **Safari:** Alle Einstellungen von Ihrem Browser Safari,
die Lesezeichen sowie die Leseliste und sogar der
Verlauf, werden abgeglichen, wenn diese Funktion
eingeschaltet ist.

❹ **Home und Game Center:** Hier wird die Synchronisierung der entsprechenden Einstellungen und
Daten vorgenommen.

❺ **Siri:** Inhalte von Siri werden auf Wunsch ebenfalls
über die iCloud abgeglichen.

❻ **Schlüsselbund:** Der iCloud-Schlüsselbund sorgt
dafür, dass Kennwörter zwischen Ihren iOS-Geräten
und gegebenenfalls einem Mac synchronisiert werden.

❼ **iCloud-Backup:** Ist diese Funktion aktiv, wird ein
Backup des Inhalts Ihres iOS oder iPadOS-Geräts
über iCloud angelegt (siehe dazu „Datensicherung
über iCloud", Seite 181).

❽ **iCloud Drive:** Auf iCloud Drive legen Sie alle mögli-
chen Dateien ab. Sie können auch neue Ordner anlegen. Die bestehende Ordnerstruktur verändern

Sie besser nicht, über diese werden die Daten bestimmter Programme synchronisiert.

9 **Weitere Apps:** Ab hier finden Sie weitere Apps, deren Inhalte und Einstellungen per iCloud geteilt und synchronisiert werden.

Anrufe vom iPhone weiterleiten und Telefonnummern sperren

Möchten Sie Ihre Anrufe vom iPhone auf das Festnetztelefon oder ein anderes Mobiltelefon umleiten, bestimmte Nummern sperren oder weitere Einstellungen vornehmen, erledigen Sie das in den Telefoneinstellungen:

Anrufe weiterleiten

1 Öffnen Sie die *Einstellungen* und tippen Sie dort auf den Eintrag *Telefon*.

2 Möchten Sie die Anrufe von Ihrem iPhone auf ein anderes Telefon umleiten, wählen Sie den Eintrag *Rufweiterleitung*, schalten diese ein und geben die Telefonnummer ein – im folgenden Format: +49 (internationale Vorwahl) 211 (Ortsvorwahl, also ohne 0) 123456 (Telefonnummer).

Anrufer sperren

Falls Sie Anrufe von bestimmten Telefonnummern wie Werbeanrufe oder andere lästige Anrufe unterbinden möchten, können Sie dies ebenfalls an dieser Position einstellen.

1 Öffnen Sie die *Einstellungen* und tippen Sie auf den Eintrag *Telefon*.

2 Möchten Sie eine Telefonnummer sperren, tippen Sie auf *Blockierte Kontakte* und fügen den Kontakt über *Kontakt hinzufügen ...* aus Ihrer *Kontakte*-App hinzu.

3 Anderenfalls starten Sie die *Telefon*-App. Dort tippen Sie auf *Anrufliste*.

4 Wählen Sie nun den gewünschten Anrufer aus, indem Sie auf das kleine i rechts tippen.

5 Blättern Sie mit einer Wischgeste ganz nach unten und tippen dort auf *Anrufer blockieren*.

Bedienungshilfen nutzen

Die Bedienungshilfen sollen es körperlich beeinträchtigten Menschen ermöglichen, ein iPhone oder iPad einfacher bedienen zu können. Die eine oder andere Funktion kann dabei für alle Anwender von Nutzen sein.

Die Bedienungshilfen aufrufen

1 Tippen Sie in den *Einstellungen* auf *Bedienungshilfen*.

2 Schalten Sie die gewünschten Bedienungshilfen ein, indem Sie die jeweilige Funktion aktivieren.

Überblick über die wichtigsten Bedienungshilfen

① **Voice Over:** Bei *Voice Over* werden Ihnen bei der Bedienung des iOS-Geräts die Bildschirmobjekte per Sprachausgabe erklärt.

② **Zoom:** Zeigen Sie den Bildschirminhalt vergrößert an. Dazu tippen Sie mit drei Fingern auf den Bildschirm und verschieben den Bildschirminhalt ebenfalls mit drei Fingern auf dem Bildschirm.

③ **Anzeige & Textgröße:** Nehmen Sie hier Änderungen an der Farb- sowie Textdarstellung vor.

④ **Gesprochene Inhalte:** Mittels Fingertipp können Sie sich Texte vorlesen lassen.

⑤ **Tippen:** Schalten Sie hier *Assistive Touch* ein, falls die Bedienung mit dem Multitouch-Display und dem Home-Button Schwierigkeiten bereitet. Hier aktivieren Sie auch die Einstellung *Zum Widerrufen schütteln*.

⑥ **Hörhilfen:** Hierüber werden iOS-kompatible Hörgeräte konfiguriert und gesteuert. Das Hörgerät wird über Bluetooth mit dem iOS-Gerät verbunden.

⑦ **Geführter Zugriff:** Im geführten Zugriff kann immer nur eine App benutzt werden; zudem legen Sie fest, welche Funktionen der App verfügbar sind.

Bildschirmzeit einsehen

Wie viele digitale Unternehmen hat es sich auch Apple zur Aufgabe gemacht, etwas zur „digitalen Wellness" seiner Nutzer beizutragen. Im Einzelnen bedeutet dies, dass der Anwender seinen Alltag und seine Lebensführung nicht mehr von Smartphone und Tablet, der ständigen Erreichbarkeit oder den sozialen Netzwerken abhängig macht und bestimmen lassen soll.

Die meisten dieser Optionen finden Sie unter *Einstellungen > Bildschirmzeit*. Hier können Sie einsehen, wie viel Zeit Sie mit bestimmten Funktionen und Apps verbringen, und dies bei Bedarf einschränken. Zudem können Sie *Bildschirmzeit* natürlich prima als Kindersicherung einsetzen.

Wollen Sie herausfinden, wie viel Zeit Sie mit welcher Funktion und App verbringen, gehen Sie so vor:

1 Öffnen Sie die *Einstellungen* und tippen Sie auf den Eintrag *Bildschirmzeit*.

2 Hier finden Sie unter *Bildschirmzeit* die entsprechenden Angaben. Über einen Fingertipp auf *Alle Aktivitäten anzeigen* erfahren Sie weitere Details.

3 Über *Geräte* finden Sie die entsprechenden Angaben für Ihre weiteren iOS- und iPadOS-Geräte – auf denen mindestens iOS 12 installiert ist und Sie mit Ihrer Apple-ID angemeldet sind.

Digitale Auszeit festlegen

Falls Sie von Ihrem iPhone und iPad beinahe magisch angezogen werden und deswegen Ihre Arbeit oder sonstige Tätigkeiten immer wieder unterbrechen und sich nicht konzentrieren können, planen Sie einfach eine digitale Auszeit:

1 Öffnen Sie die *Einstellungen* und tippen Sie auf den Eintrag *Bildschirmzeit*.

2 Hier tippen Sie auf *Auszeit* und schalten diese Einstellung mit Ihrem Zugangscode frei.

3 Legen Sie *Start* und *Ende* der Auszeit fest. Zudem geben Sie an, ob die Auszeit täglich oder an bestimmten Tagen aktiviert wird.

4 Die Auszeit gilt für alle kompatiblen Geräte, auf denen Sie mit Ihrer Apple-ID angemeldet sind. Ausgenommen sind Telefonanrufe beziehungsweise von Ihnen zugelassene Apps.

Wichtigen Apps Bildschirmzeit zuteilen

Um bestimmten, beispielsweise beruflichen oder anderweitig wichtigen Apps immer Bildschirmzeit zuzuteilen, gehen Sie so vor:

1 Öffnen Sie die *Einstellungen* und tippen Sie auf den Eintrag *Bildschirmzeit*.

2 Hier tippen Sie auf *Immer erlauben*. Wählen Sie dann die gewünschte App aus.

3 Über den *grünen Plus*-Schalter fügen Sie die App den *Erlaubten Apps* hinzu, über den *roten Minus*-Schalter entfernen Sie diese wieder.

Zeitlimit für zeitfressende Apps festlegen

1 Öffnen Sie die *Einstellungen* und tippen Sie auf den Eintrag *Bildschirmzeit*.

2 Hier tippen Sie auf *App-Limits* und schalten die Einstellung mit Ihrem Zugangscode frei.

3 Tippen Sie nun auf *Limit hinzufügen*, wählen zuerst die Kategorie, wie *Spiele*, sowie gegebenenfalls ein bestimmtes Spiel oder eine bestimmte App und tippen dann auf *Hinzufügen*.

4 Nun geben Sie an, wie lange das App-Limit gelten soll. Darunter können Sie die *Tage anpassen* – also an welchen Tagen das Limit gilt oder nicht. Nach Ablauf des Limits werden die entsprechenden Apps dann blockiert.

5 Notfalls können Sie natürlich auch noch nach dem erreichten Limit die Funktion wieder ausssschalten.

Die Grundfunk-
tionen erklärt

In diesem Kapitel wenden wir uns den Grundfunktionen Ihres iPhone und iPad zu, vom Telefonieren – beim iPhone – über die Adressen- sowie Terminverwaltung bis hin zum Nachrichtenschreiben, Chatten, Surfen und Mailen.

Die App Kontakte

Als Erstes schauen wir uns die *Kontakte*-App an. Auch wenn diese eher unscheinbar daherkommt und vornehmlich im Hintergrund wirkt, so ist sie doch eine der wichtigsten auf Ihrem iPhone und iPad.

Mit der *Kontakte*-App werden all Ihre Gesprächs-, E-Mail- und Chat-Partner verwaltet. Die entsprechenden Programme greifen komplett auf sie zu, sobald die erforderlichen Kontaktdaten benötigt werden.

Überblick über die Kontakte-App

① **Gruppen:** Ihre Kontakte können auf Wunsch in Gruppen zusammengefasst werden, wie zum Beispiel Familienmitglieder, Kollegen, Vereinsmitglieder und so weiter. Hier wählen Sie per Fingertipp die gewünschte Gruppe aus.

② **Neuer Kontakt:** Möchten Sie einen neuen Kontakt erstellen, tippen Sie auf das *Plus*-Symbol (siehe 78 oben).

③ **Suchfeld:** Um einen Kontakt zu suchen, geben Sie hier den oder die Suchbegriff(e) ein.

④ **Kontakte:** An dieser Stelle befinden sich – alphabetisch geordnet – sämtliche Ihrer Kontakte.

Kontakte bearbeiten

Selbstverständlich können Sie am iPhone oder iPad auch selbst neue Kontakte hinzufügen, diese bearbeiten oder löschen.

1 Starten Sie die *Kontakte*-App und tippen Sie rechts oben auf das *Plus*-Symbol.

2 Nun geben Sie nacheinander die entsprechenden Daten in die Texteingabefelder ein und bestätigen die Eingabe mit einem Fingertipp auf *Fertig*.

3 Möchten Sie den Kontakt später bearbeiten, wählen Sie ihn aus, tippen auf *Bearbeiten* und nehmen die gewünschten Änderungen vor.

4 Zum Löschen wählen Sie den Kontakt erneut aus, tippen wieder auf *Bearbeiten* und blättern dann ganz nach unten. Dort tippen Sie auf den Eintrag *Kontakt löschen*. Bitte beachten Sie: Der Kontakt wird nicht nur vom iPhone gelöscht, sondern auch aus iCloud und damit von Ihren anderen Geräten und Computern.

→ **Wie wird Kontakt aufgenommen?**

Um herauszufinden, wie Sie mit jemandem in Kontakt treten können, beachten Sie auf dessen Visitenkarte bitte die entsprechenden Symbole. Ist dort ein Telefonhörer zu finden, können Sie ihn anrufen. Bei einer Sprechblase können Sie über die **Nachrichten**-App schreiben. Ist ein Kamera-Symbol zu finden, dann ist ein FaceTime-Anruf möglich und bei einem Briefumschlag-Symbol die Korrespondenz via E-Mail.

Telefonieren mit dem iPhone

Wenn Sie trotz aller anderen Möglichkeiten der Kontaktaufnahme über *FaceTime*, die *Nachrichten*-App, *Skype* oder *WhatsApp* jemanden ganz „altmodisch" per Telefon anrufen möchten, dann macht Ihnen Ihr iPhone auch das so komfortabel wie möglich.

Überblick über die Telefon-App

❶ Favoriten: In die Favoritenliste nehmen Sie Ihre bevorzugten Gesprächspartner auf.

❷ Anrufliste: In der Anrufliste finden Sie alle Kontakte und Telefonnummern, die Sie angerufen haben und von denen Sie angerufen wurden. In der Liste *Verpasst* befinden sich die von Ihnen verpassten Anrufe.

❸ Kontakte: Möchten Sie einen Ihrer Kontakte anrufen, tippen Sie auf dieses Symbol und wählen den gewünschten Kontakt aus.

❹ Ziffernblock: Über den Ziffernblock geben Sie neue Telefonnummern ein, die Sie direkt anrufen wollen, ohne sie in die *Kontakte*-App aufzunehmen.

❺ Voicemail: Voicemail ist der Anrufbeantworter Ihres iPhone. Alle Anrufe, die Sie nicht annehmen können oder verpasst haben und deren Anrufer Ihnen eine Nachricht hinterlassen haben, können Sie hier anhören und gegebenenfalls beantworten.

❻ Bearbeiten: Möchten Sie die Anruflisten bearbeiten und einzelne Anrufe löschen, tippen Sie auf diesen Eintrag und anschließend auf das *rot unterlegte Minus*-Symbol.

❼ Informationen: Mit einem Fingertipp auf das kleine *i*-Symbol rechts in der Anrufliste rufen Sie weitere Informationen zum jeweiligen Anrufer auf, unter anderem wie Sie diesen bei einem Rückruf erreichen können.

Die eigene Telefonnummer finden

Vor allem wenn Sie Ihr iPhone neu erworben und gleichzeitig einen Mobilfunkvertrag abgeschlossen haben, können Sie Ihre Mobilfunknummer sicher noch nicht auswendig. Sie finden diese über die Einstellungen Ihres iPhone und den Eintrag *Telefon*. Dort steht Ihre eigene Telefonnummer ganz oben.

Einen Anruf tätigen

Möchten Sie einen Anruf tätigen, haben Sie am iPhone mehrere Möglichkeiten:

▶ **Sie tippen** einfach auf die in einer E-Mail, Nachricht oder Webseite befindliche Telefonnummer. Diese ist in der Regel blau unterstrichen.

▶ **Sie geben** die Telefonnummer über den Ziffernblock der *Telefon*-App selbst ein.

▶ **Sie tippen** auf den entsprechenden Eintrag in der Favoriten- oder Anrufliste.

▶ **Sie wählen** den Eintrag über die Kontaktliste der *Telefon*- oder *Kontakte*-App aus und tippen auf das *Telefonhörer*-Symbol.

Anruf annehmen

Geht bei Ihnen ein Anruf ein, haben Sie folgende Möglichkeiten:

❶ **Annehmen:** Abheben und den Anruf somit entgegennehmen.

❷ **Ablehnen:** Den Anruf nicht annehmen und stattdessen auf Voicemail umleiten.

❸ **Erinnerung:** Erstellen Sie eine Erinnerung, um den Anrufer später zurückzurufen.

❹ **Textnachricht:** Antworten Sie dem Anrufer mit einer standardisierten Textnachricht (SMS). Den Text können Sie in den Telefoneinstellungen (siehe Seite 81) individuell anpassen.

Während eines Anrufs

1 **Stumm schalten:** Wollen Sie einen Anrufer in der Leitung behalten, aber für einen kurzen Moment stummschalten, dann halten Sie diesen virtuellen Schalter gedrückt.

2 **Ziffernblock:** Über den Ziffernblock geben Sie neue Telefonnummern ein, die Sie direkt anrufen wollen.

3 **Lautsprecher:** Möchten Sie den Gesprächspartner über den Lautsprecher hören, schalten Sie diesen hier ein.

4 **Anruf hinzufügen:** Hier können Sie einen neuen Anruf tätigen.

5 **FaceTime:** Möchten Sie mit dem Gesprächspartner stattdessen über FaceTime kommunizieren, tippen Sie auf dieses Symbol.

6 **Kontakte:** Schauen Sie sich die Infos zu dem jeweiligen Gesprächspartner an, sofern welche übermittelt werden.

7 **Auflegen:** Beenden Sie hier das Gespräch.

Telefoneinstellungen

Falls Sie das Verhalten der *Telefon*-App steuern möchten, schauen Sie sich die Telefoneinstellungen an. Öffnen Sie dazu die *Einstellungen* und tippen Sie dort auf *Telefon*. Hier sind vor allem die folgenden Optionen von Interesse:

▶ **Auf anderen Geräten:** Hier stellen Sie ein, dass Sie auch über Ihre anderen Geräte (iPad, Mac, iPod touch) telefonieren können. Die Anrufe werden über FaceTime abgewickelt.

▶ **Mit Nachricht antworten:** Falls Sie einen Anruf nicht annehmen können, wird dem Anrufer automatisch eine SMS geschickt. Den Text können Sie hier anpassen.

▶ **Rufweiterleitung:** Möchten Sie die Anrufe auf eine andere Telefonnummer wie Ihre Festnetznummer umleiten, nehmen Sie hier die dazugehörigen Einstellungen vor.

▶ **Anklopfen/Makeln:** Falls Sie die Funktion *Anklopfen/Makeln* aktivieren, werden Sie bei einem laufenden Gespräch über einen weiteren eingehenden Anruf informiert (Anklopfen) und können zwischen den Gesprächen wechseln (Makeln).

▶ **Unbekannte Anrufer stummschalten:** Ist die Telefonnummer eines Anrufers nicht in Ihrer *Kontakte*-App zu finden, wird dieser stumm geschaltet und gleich auf Voicemail umgeleitet.

▶ **Anrufe blockieren und identifizieren:** Unbekannte Anrufer, also ohne Telefonnummer im Telefonbuch, werden automatisch blockiert, sofern sie nicht identifiziert werden können – anhand der an dieser Stelle aufgeführten *Telefonbuch*-App.

▶ **Blockierte Kontakte:** Hier finden Sie alle blockierten Kontakte und Rufnummern. Über *Bearbeiten* können Sie diese entfernen oder auch weitere hinzufügen.

Die App Nachrichten

Die *Nachrichten*-App gehört wahrscheinlich auch bei Ihnen zu den meistgenutzten Apps an iPhone und iPad. Mit ihr können Sie nicht nur *iMessages* mit anderen iPhone- oder iPad-Anwendern austauschen, sondern auch herkömmliche SMS versenden und empfangen.

Anders als iMessages, die über das Internet empfangen und verschickt werden, wird die SMS-Korrespondenz aber über das Mobilfunknetz abgewickelt und auch abgerechnet. Besitzen Sie keine SMS-Flatrate, so werden für jede verschickte SMS einige Cent – oft sind es zwischen 9 und 19 Cent – fällig. Dies kann bei einem begrenzen SMS-Kontingent also schnell ins Geld gehen. Verwenden Sie für die Kommunikation mit Ihren Familienmitgliedern, Freunden und Bekannten, die ebenfalls über ein Apple-Gerät mit macOS, iPadOS oder iOS verfügen, daher am besten nur iMessages.

Aktivierung von iMessage auf iPhone oder iPad

Um mit Ihrem iPad oder iPhone und der Nachrichten-App iMessages verschicken und empfangen zu können, müssen Sie dieses zunächst dafür aktivieren. Öffnen Sie dazu die *Einstellungen* und wählen Sie den Eintrag *Nachrichten*. Nun schalten Sie *iMessage* ein. Als Adresse für iMessage dienen Ihre Mobiltelefonnummer sowie Apple-ID.

→ **iMessage oder SMS am iPhone?**

Ob Sie eine SMS oder iMessage versenden und empfangen, erkennen Sie an der Farbe. Besitzt der Empfänger ein für iMessage aktiviertes iPhone oder iPad, erhalten Sie von ihm blaue Nachrichten. Falls er nur SMS senden kann, sind diese gewöhnlich grün. Umgekehrt gilt dies genauso.

Bitte beachten Sie: Falls iMessages nicht gesendet werden können, weil kein Internetzugang zur Verfügung steht, werden diese – nur am iPhone – stattdessen als SMS versendet. Dies können Sie in den **Einstellungen** der **Nachrichten**-App abschalten, indem Sie die Option **Als SMS senden** deaktivieren.

Nachrichten verfassen und empfangen

1 Starten Sie die *Nachrichten*-App und erstellen Sie eine *Neue Nachricht* über das entsprechende Symbol.

2 Geben Sie den Empfänger ein oder fügen Sie ihn über das kleine *Plus*-Symbol aus der *Kontakte*-App hinzu.

3 Schreiben Sie nun Ihren Text in das Texteingabefeld und tippen Sie auf *Senden*.

4 Erhalten Sie eine neue Nachricht, werden Sie darüber mit dem Nachrichtenton und einer Mitteilung in Kenntnis gesetzt. Zum Lesen rufen Sie die *Nachrichten*-App auf.

5 Die Antwort wird immer in dem Format gesendet, in dem Sie diese empfangen haben. Es sei denn, Sie haben momentan keinen Internetzugang. In diesem Fall wird (nur am iPhone) die iMessage als SMS verschickt.

Nachrichten löschen

1 Möchten Sie alle Nachrichten eines bestimmten Empfängers löschen, tippen Sie rechts oben auf die *drei kleinen Punkte* sowie auf *Nachrichten auswählen*, markieren den entsprechenden Empfänger und tippen dann auf Löschen.

2 Zum Löschen einzelner Nachrichten tippen Sie etwas länger auf die Nachricht, dann auf den Eintrag *Mehr* und anschließend auf das *Papierkorb*-Symbol.

Erweiterungen für die Nachrichten-App

Die *Nachrichten*-App kann mit diversen Erweiterungen wie Stickern und Apps ausgestattet werden. Es gibt Sticker unterschiedlichster Art von Angry Birds über Star Wars bis hin zu Tieren. Bitte beachten Sie, dass manche Sticker kostenpflichtig sind! Im Folgenden zeigen wir Ihnen, wie Sie diese herunterladen und Ihren Nachrichten hinzufügen.

1 Tippen Sie zunächst links neben dem Texteingabefeld auf das *App-Store*-Symbol. Den App Store für die *Nachrichten*-App öffnen Sie mit einem Fingertipp auf das *A*.

2 Suchen Sie im App Store nun nach den gewünschten Stickern – zum Beispiel über die Kategorie *Sticker* oder das *Suchfeld* rechts oben.

3 Erwerben Sie die Sticker beziehungsweise App oder laden Sie diese kostenlos herunter, indem Sie auf *Laden* tippen. Ihre neuen Sticker finden Sie, wenn Sie später erneut auf das *App-Store*- und dann auf das entsprechende *Sticker*-Symbol tippen oder auch auf die *drei kleinen Punkte* ganz rechts.

4 Möchten Sie Ihrer Nachricht einen Sticker hinzufügen, suchen Sie zunächst den gewünschten Sticker.

5 Mit einem Fingertipp fügen Sie der iMessage den Sticker hinzu. Verfassen Sie Ihren Text und versenden Sie die Nachricht gegebenenfalls an den Empfänger.

Schnell eine Zeichnung versenden

Möchten Sie statt einem Sticker eine kleine animierte Zeichnung versenden, gehen Sie folgendermaßen vor:

1 Tippen Sie links neben dem Texteingabefeld auf das *App-Store*- und dann rechts auf das *Herz*-Symbol.

2 Nun können Sie über Digital Touch mit Ihrem Finger einen Feuerball, ein Herz, einen Herzschlag oder auch eine eigenes „Kunstwerk" erstellen und versenden.

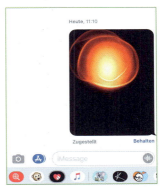

Nachrichten mit Sprechblasen markieren

Bereits versandte oder empfangene Nachrichten können Sie durch verschiedene Symbole und Sprechblasen markieren:

1 Tippen Sie länger auf die entsprechende Nachricht, bis eine große Sprechblase mit unterschiedlichen Zeichen erscheint.

2 Wählen Sie das entsprechende Zeichen per Fingertipp aus und fügen Sie es der Nachricht hinzu.

3 Bitte beachten Sie: Das Zeichen wird nur korrekt angezeigt, wenn der Empfänger ebenfalls die *Nachrichten*-App unter mindestens iOS 12 nutzt!

Ein Foto versenden und mit Sticker ausstatten

1 Erstellen Sie eine neue Nachricht. Geben Sie den Text gegebenenfalls ein und tippen Sie links auf das kleine *Kamera*-Symbol.

2 Nehmen Sie das Foto der Kamera Ihres iPhone oder iPad auf, indem Sie auf den *Auslöser* tippen. Für ein Selfie wechseln Sie die Kamera, indem Sie rechts auf den *Pfeilkreis* tippen.

3 Anderenfalls tippen Sie links oben das kleine *Foto*-Symbol und wählen ein Foto aus Ihren bereits vorhandenen Aufnahmen aus.

4 Möchten Sie dem Foto einen Sticker hinzufügen, tippen Sie vor dem Auslösen auf das *Stern*-Symbol links und wählen Kamera sowie Sticker aus. Platzieren Sie ihn auf dem Bildschirm und betätigen Sie den *Auslöser*.

5 Nun können Sie das Foto, falls erwünscht, noch bearbeiten und anschließend über einen Fingertipp auf den *blauen Pfeil* versenden.

Nachrichten mit Animojis versenden

Neben Stickern und Zeichnungen können Sie bei allen iPhone und iPad Pro mit Face ID auch Emojis zum Leben erwecken und diesen Ihren Gesichtsausdruck verleihen.

1 Starten Sie die *Nachrichten*-App und erstellen Sie eine neue Nachricht.

2 Tippen Sie links auf das *App-Store*-Symbol und dann auf das Animoji eines Affen.

3 Wählen Sie das gewünschte Animoji aus und bewegen Sie Ihr Gesicht innerhalb des angezeigten Rahmens.

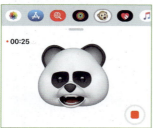

4 Tippen Sie auf den Schalter *Aufnahme*, ziehen Sie Ihre „Grimassen", diktieren Sie gegebenenfalls einen Text und tippen dann auf *Aufnahme beenden*. Eine Aufnahme kann bis zu 10 Sekunden dauern.

5 Nun können Sie das Animoji über einen Fingertipp auf den *blauen Pfeil* versenden. Der Empfänger kann es auch betrachten, wenn er kein iPhone mit Face ID oder iPad Pro der 3. Generation nutzt.

Aus der Nachrichten-App per FaceTime anrufen

Falls Sie aus der Nachrichten-App heraus den Empfänger über Face-Time anrufen wollen, tippen Sie ganz oben auf den Empfängernamen und anschließend auf *Audio* oder *FaceTime*, um Kontakt per FaceTime aufzunehmen.

→ **Nachrichten-Alternative: WhatsApp**

Wie bei der **Nachrichten**-App chatten Sie auch hier über das Internet. WhatsApp erlaubt aber auch Anrufe und Videotelefonie – und ist vor allem auch für Android-Nutzer nutzbar. Ebenso läuft es auf PC und Mac. WhatsApp ist weit verbreitet in Deutschland: Sehr wahrscheinlich sind viele Ihrer Kontakte bereits dort angemeldet.

Videotelefonie mit FaceTime

Mit FaceTime ist auf Ihrem iOS- sowie iPadOS-Gerät auch eine App zur Videotelefonie über das Internet verfügbar. Für FaceTime-Anrufe fallen – abgesehen von den Kosten für den Internetzugang – keine zusätzlichen Gebühren an. Damit Sie mit jemandem per FaceTime Verbindung aufnehmen können, muss dieser aber ebenfalls über ein iPad, iPhone oder einen Mac mit FaceTime-Kamera verfügen.

Die Funktionen von FaceTime

- ▶ **Kontaktliste**
- ▶ **neuen Kontakt** hinzufügen
- ▶ **Videobild** des Gesprächspartners
- ▶ **Videobild** von Ihnen

Einen Gesprächspartner anrufen

1 Befindet sich Ihr Gesprächspartner bereits in der Kontaktliste, tippen Sie einfach auf den Eintrag, der Anruf erfolgt umgehend. Um das Gespräch abzubrechen, tippen Sie auf das Symbol *Auflegen*.

2 Möchten Sie zuerst alle vorhandenen Kontaktinformationen zum Gesprächspartner betrachten, tippen Sie auf das kleine *i*-Symbol rechts oben im Hauptfenster.

3 Mit dem *Plus*-Schalter rechts oben fügen Sie einen neuen Gesprächspartner aus ihrer *Kontakte*-App hinzu. Ist dieser per FaceTime erreichbar, so erscheint dort neben dem Eintrag ein kleines FaceTime-Symbol (Kamera).

FaceTime in Gruppen nutzen

Um Gruppentelefonate mit FaceTime durchzuführen, rufen Sie den ersten Gesprächspartner an, tippen beim Telefonieren auf das Symbol mit den drei kleinen Punkten und fügen die weiteren Gesprächspartner hinzu. Sie können Gruppengespräche mit bis zu 32 Gesprächspartnern führen.

→ **FaceTime-Alternative: Skype**

Skype hat den Vorteil, dass es unter Android läuft, auf dem PC und auf dem Mac. Es kann gratis unter www.skype.com oder im jeweiligen App Store heruntergeladen werden. Um Skype nutzen zu können, müssen Sie allerdings über ein Microsoft-Konto verfügen. Dieses können Sie kostenlos unter www.live.de einrichten.

Die Bedienung ist ebenso einfach wie die von FaceTime. Skype lässt sich aber nicht nur für Videotelefonie, sondern auch zum Chatten verwenden. Des Weiteren können Sie Dateien sowie Audio- und Videobotschaften versenden.

Die App Mail

Telefonieren, chatten und FaceTime sind komfortabel, aber wichtige oder offizielle Schreiben laufen immer noch über Brief oder E-Mail. Natürlich können Sie auch mit dem iPhone und iPad Ihre E-Mail-Korrespondenz führen. Wie am PC oder Mac versenden und empfangen Sie – einen Internetzugang vorausgesetzt – E-Mails, Fotos sowie anderen Dateien. Als E-Mail-Adresse dient Ihnen die bei der Einrichtung angegebene oder angelegte Apple-ID. Das entsprechende Konto ist bereits eingerichtet und Sie können sofort loslegen. Selbstverständlich ist es auch möglich, ein anderes E-Mail-Konto zu verwenden. Wie Sie Mail entsprechend konfigurieren, erfahren Sie auf Seite 90.

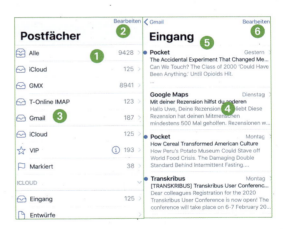

Übersicht der Postfächer von Mail:

❶ **Postfächer:** Die unterschiedlichen Postfächer der auf Ihrem iOS-Gerät befindlichen E-Mail-Konten sehen Sie hier ein.

❷ **Bearbeiten:** Blenden Sie hier Postfächer ein und aus und/oder ändern Sie deren Reihenfolge.

❸ **Postfächer:** Hier geht es zu den Postfächern.

Übersicht des Hauptfensters von Mail

❹ **E-Mail bearbeiten:** Wählen Sie E-Mails zum Löschen oder Verschieben aus, indem Sie sie leicht nach links schieben.

❺ **Suchen:** Wischen Sie nach unten, erscheint im oberen Bereich das Suchfeld zur Suche nach E-Mails.

6 Bearbeiten: E-Mails zum Verschieben (Bewegen) oder Löschen markieren.

7 Sortieren: Sortieren Sie die E-Mails nach Eingangsdatum oder nach den bisher ungelesenen.

8 Neue E-Mail: Erstellen Sie E-Mails.

Ein neues E-Mail-Konto einrichten

1 Falls Sie auf Ihrem iPhone oder iPad weitere E-Mail-Konten einrichten möchten, tippen Sie auf *Einstellungen* und auf den Eintrag *Passwörter & Accounts*.

2 Zum Hinzufügen eines neuen E-Mail-Kontos tippen Sie dann auf den Eintrag *Account hinzufügen*.

3 Wählen Sie hier Ihren E-Mail-Provider aus oder tippen Sie gegebenenfalls auf Andere, falls Ihr E-Mail-Provider in der Liste nicht enthalten ist.

4 Anschließend geben Sie den Benutzernamen des neuen E-Mail-Kontos, das Kennwort und, sofern nötig, weitere Zugangsdaten an.

5 Über einen Fingertipp auf *Weiter* wird das E-Mail-Konto erstellt. Die dazugehörigen Postfächer erscheinen umgehend im Hauptfenster der *Mail*-App, und die eingegangenen E-Mails werden abgerufen.

Die erste E-Mail schreiben und versenden

1 Starten Sie *Mail* und tippen Sie rechts auf das Symbol *Neue E-Mail*.

2 Geben Sie Empfänger und den Betreff ein. Anschließend wählen Sie die gewünschte Absenderadresse aus und verfassen die E-Mail.

3 Über einen Fingertipp auf *Senden* rechts wird die E-Mail auf den Weg gebracht.

4 Wollen Sie die E-Mail an mehrere Empfänger schicken, tippen Sie auf den Empfänger, anschließend auf das kleine *Plus*-Zeichen und wählen weitere Empfänger aus.

Automatischer E-Mail-Empfang

Je nach E-Mail-Provider landen neue E-Mails meist automatisch und ohne Ihr Zutun in den Postfächern Ihres iPhone und iPad. Hierzu muss Ihr E-Mail-Provider, wie beispielsweise Apple mit iCloud, allerdings die sogenannte *Push-Funktion* von iOS und iPadOS unterstützen. Ob dies der Fall ist, finden Sie in den *Einstellungen* heraus. Tippen Sie dort auf den Eintrag *Passwörter & Accounts*. Dort steht – etwas weiter unten – neben *Datenabgleich* die Option Push. Falls nicht, tippen Sie auf den Eintrag und schalten dann *Push* ein.

Bei E-Mail-Providern, die diese Funktion nicht unterstützen, können Sie stattdessen eine automatische Abfrage aktivieren. Geben Sie in diesem Fall, ebenfalls unter *Daten abrufen*, das Zeitintervall der automatischen Abfrage an. Anschließend werden die E-Mails im angegebenen Intervall abgerufen.

So formatieren Sie E-Mails

So Sie wünschen, können Sie Ihre E-Mails auch ansprechend formatieren. Dies ist zum Beispiel dann ganz praktisch, wenn Sie eine Einladung versenden oder jemandem zum Geburtstag oder zu einem Jubiläum gratulieren wollen.

1 Beginnen Sie eine neue E-Mail über das entsprechende Symbol rechts oben und tippen Sie zuerst den Empfänger und die Betreffzeile ein.

2 Sie können nun entweder erst den Text verfassen, diesen markieren und dann formatieren oder schon vorm Schreiben die entsprechenden Formatierungen auswählen.

3 Die folgenden Optionen zur Formatierung finden Sie, indem Sie links oben an der Bildschirmtastatur auf die *zwei kleinen Buchstaben* tippen:

▶ Fett, kursiv, unterstrichen, durchgestrichen
▶ Standardschriftart
▶ Schriftgröße
▶ Schriftfarbe
▶ Listen
▶ Text ausrichten
▶ Text einrücken

E-Mails löschen und verschieben

1 Um eine einzelne E-Mail zu löschen, wählen Sie zunächst das Postfach aus und dann die E-Mail. Nun wischen Sie mit dem Finger schnell von rechts nach links.

2 Anderenfalls können Sie auch etwas langsamer von rechts nach links wischen. In diesem Fall tauchen drei Schalter auf: *Mehr* (*drei Punkte*), *Markieren* und *Papierkorb*. Zum Löschen tippen Sie auf *Papierkorb*.

3 Möchten Sie mehrere E-Mails löschen, wählen Sie erneut das Postfach aus und tippen zuerst rechts auf *Bearbeiten*.

4 Nun markieren Sie alle E-Mails, die gelöscht werden sollen.

5 Mit einem Fingertipp auf Löschen unten werden die markierten E-Mails entfernt.

6 Zum Verschieben einer E-Mail tippen Sie stattdessen erst auf *Bewegen*. Anschließend wählen Sie den Ordner aus, in den die E-Mails verschoben werden sollen.

E-Mails als wichtig markieren

1 Um wichtige E-Mails zu markieren, öffnen Sie das Postfach und tippen rechts oben auf *Bearbeiten*.

2 Wählen Sie die E-Mails aus, die markiert werden sollen, und tippen Sie zweimal hintereinander auf *Markieren*.

3 Alternativ können Sie eine einzelne E-Mail aufrufen und dann langsam von rechts nach links wischen und auf das *kleine Fähnchen* tippen.

E-Mails als Spam oder Werbung markieren

1 Wählen Sie das Postfach aus, in dem sich die zu markierenden E-Mails befinden.

2 Tippen Sie oben auf *Bearbeiten* und markieren Sie die Spam-E-Mails.

3 Tippen Sie unten auf *Markieren* und anschließend auf *In „Spam" bewegen*. Die E-Mails werden in das Postfach *Spam* des jeweiligen E-Mail-Kontos verschoben.

Dateien als E-Mail-Anhang verschicken

1 Möchten Sie Dateien oder Fotos vom iPhone oder iPad aus versenden, erstellen Sie zunächst eine neue E-Mail.

2 Geben Sie anschließend den Empfänger an sowie die Betreffzeile.

3 Tippen Sie nun so lange auf das *E-Mail-Fenster*, bis das Kontextmenü erscheint. Hier tippen Sie auf den *Rechtspfeil* und anschließend auf den Eintrag *Dokument hinzufügen*.

4 Alternativ tippen Sie oberhalb der Bildschirmtastatur auf das *Dokumenten*-Symbol.

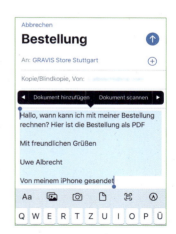

5 Wählen Sie nun die Datei auf Ihrem iPad, iPhone oder auf iCloud Drive aus, wird sie der E-Mail hinzugefügt und Sie können diese versenden.

→ **E-Mails auf dem Sperrbildschirm lesen**

Ihre E-Mails können Sie bereits auf dem Sperrbildschirm lesen, vorausgesetzt Sie erlauben dies in den Mitteilungen. Öffnen Sie dazu in den **Einstellungen** die **Mitteilungen** von **Mail**. Dort aktivieren Sie **Mitteilungen erlauben** sowie **Vorschauen zeigen**. Legen Sie fest, ob die **Vorschauen** auf dem Sperrbildschirm angezeigt werden oder nicht.

Die App Safari

Am iPhone und iPad nutzen Sie *Safari* als Web-Browser. Im Zuge des Updates auf iOS 13 und iPadOS 13 hat der Browser wichtige neue Funktionen erhalten – etwa direkt Dateien auf Ihr iPhone oder iPad herunterladen zu können.

Übersicht über Safari

➊ **Vor und zurück:** Hier rufen Sie die vorherige und die nächste Webseite auf.

➋ **Lesezeichen:** An dieser Stelle finden Sie die Lesezeichen, die Leseliste und den Verlauf von Safari.

➌ **Einstellungen und Lesemodus:** Hier geben Sie an, welche Darstellung einer Webseite Sie bevorzugen. Außerdem aktivieren Sie – sofern vorhanden – den Lesemodus.

➍ **Adressfeld:** Ins Adressfeld geben Sie die gewünschte Internetadresse beziehungsweise den Suchbegriff ein.

5 **Aktualisieren:** Hier bringen Sie die Ansicht der geöffneten Webseite auf den aktuellen Stand.

6 **Teilen-Feld:** Über das Teilen-Feld können Sie Webseiten als Lesezeichen speichern, versenden oder drucken.

7 **Neuer Tab:** Hier erstellen Sie einen neuen Tab. Die Internetadresse geben Sie selbst ein oder wählen ein vorhandenes Lesezeichen.

8 **Alle Tabs anzeigen:** Zeigen Sie die auf Ihren anderen iOS- oder iPadOS-Geräten sowie Macs geöffneten Tabs an.

Webseite aufrufen

1 Geben Sie die Adresse der Webseite wie www.test.de ins Adressfeld von Safari ein und tippen Sie dann auf die *Eingabetaste*.

2 Die Webseite wird umgehend aufgebaut und angezeigt.

3 Möchten Sie mehrere Internetseiten parallel öffnen, tippen Sie dazu auf das *Plus*-Symbol oben rechts, legen einen neuen Tab an und geben dort die zweite Adresse ein, wie zum Beispiel www.apple.de.

4 Über einen Fingertipp auf die *Tab-Leiste* wechseln Sie zwischen den Seiten.

5 Eine Übersicht über alle geöffneten Webseiten erhalten Sie, wenn Sie auf die *zwei kleinen Quadrate* rechts oben tippen.

Alle Tabs auf einmal schließen

Mit der Zeit öffnen Sie sehr viele unterschiedliche Internetseiten in der Regel in einem neuen Tab. Damit Sie nicht jede geöffnete Seite beziehungsweise jeden Tab einzeln wieder schließen müssen, gehen Sie wie folgt vor: Tippen Sie in der *Statusleiste* von Safari rechts etwas länger auf die *beiden Quadrate*. Hierbei erscheint ein Fenster mit unterschiedlichen Befehlen. Wählen Sie dort den Befehl *Alle xx Tabs schließen*, dann werden alle Tabs und damit die darin angezeigten Webseiten auf einmal geschlossen.

Tabs automatisch schließen lassen

Es geht sogar noch bequemer. Auf Wunsch werden alle Tabs nach einer gewissen Zeit automatisch geschlossen. Hierzu nehmen Sie die folgende Einstellung vor: Öffnen Sie die *Einstellungen* und wählen dort den Eintrag Safari. In der rechten Spalte tippen Sie auf *Tabs schließen* und wählen aus, nach welcher Zeitspanne Ihre Tabs automatisch geschlossen werden. Eine praktikable Einstellung ist hier *Nach einer Woche*.

Lesezeichen anlegen

1 Möchten Sie ein Lesezeichen einer Webseite anlegen, um diese später erneut aufzurufen, tippen Sie auf das *Teilen*-Symbol oben rechts.

2 Anschließend tippen Sie auf *Lesezeichen*.

3 Ihre gesammelten Lesezeichen rufen Sie zu einem späteren Zeitpunkt über einen Fingertipp auf das *Symbol eines aufgeschlagenen Buches* links oben wieder auf.

Internetadresse weiterleiten

1 Um stattdessen die Internetadresse weiterzugeben – sei es per E-Mail oder über die *Nachrichten*-App –, tippen Sie erneut auf das *Teilen*-Feld.

2 Anschließend wählen Sie die gewünschte App aus, über die die Internetadresse versandt oder bearbeitet werden soll.

Den Lesemodus nutzen

1 Um den Lesemodus von Safari aufzurufen, der das Studieren längerer Texte im World Wide Web komfortabler macht, tippen Sie auf die zwei kleinen *Buchstaben* im Adressfeld.

2 Im Menü wählen Sie den Eintrag *Reader-Darstellung einblenden*. Nun wird der Text ohne störende Werbung und gut lesbar dargestellt.

3 Mit einem Fingertipp auf die *zwei kleinen Buchstaben* oben im Menü können Sie zudem Schriftgröße, Schriftart und Hintergrundfarbe anpassen.

Webseite im Desktop-Modus betrachten

Normalerweise werden auf dem iPhone und iPad Webseiten immer – soweit vorhanden – in einer Version für Mobilgeräte angezeigt. Diese sind oftmals in ihrer Funktionalität eingeschränkt. Daher können Sie sie unter iOS 13 und iPadOS 13 auch im Desktop-Modus für Mac und Windows-PC anschauen.

1 Öffnen Sie die Internetseite und tippen Sie dann auf die *zwei kleinen Buchstaben* links oben.

2 Im Menü wählen Sie den Eintrag *Desktop-Website anfordern* aus. Nun wird die Webseite im Desktop-Modus geöffnet.

Dateien herunterladen

Bislang war das Herunterladen von Dateien mit Safari auf dem iPad oder iPhone nur eingeschränkt möglich. Mit iPadOS 13 und iOS 13 gestaltet sich dies so komfortabel und einfach wie am Computer. So spendierte man Safari endlich einen Download-Manager. Um eine Datei herunterzuladen, gehen Sie wie folgt vor:

1 Öffnen Sie die Webseite – hier die Supportseite von Apple – und suchen Sie die gewünschte Datei.

2 Zum Herunterladen tippen Sie auf die Datei oder die entsprechende Schaltfläche. Die Sicherheitsabfrage bestätigen Sie.

3 Rechts oben im Safari-Fenster erscheint das Symbol des *Download-Managers*. Tippen Sie auf diesen. Ein Verlaufsbalken zeigt den Fortschritt beim Download an.

4 Nachdem der Download abgeschlossen ist, wird die Datei im Ordner *Downloads* auf iCloud Drive abgelegt. Sie finden diese, wenn Sie im Download-Manager auf das *Lupen*-Symbol tippen.

Die App Kalender

Zur Organisation – ob zu Hause, am Arbeitsplatz oder unterwegs – gehört auch das Führen eines Terminkalenders. Besonders wenn Sie mehrere iPhones oder iPads sowie einen Mac verwenden, ist die *Kalender*-App vorteilhaft: In diesem Fall werden Ihre Termine über iCloud automatisch auf dem aktuellen Stand gehalten. Aber auch zwischen iPhone und Windows werden Ihre Termine mit Microsoft Outlook abgeglichen.

Einen neuen Termin erstellen

1 Starten Sie die *Kalender*-App und wählen Sie mit einem Fingertipp den gewünschten *Monat* sowie anschließend den *Tag* aus oder tippen Sie auf *Heute*.

2 Tippen Sie rechts oben auf das *Plus*-Symbol, um einen neuen Termin – bei Apple Ereignis genannt – anzulegen.

3 Im Fenster *Ereignis* geben Sie alle relevanten Informationen zum Termin ein, wie den *Titel* bzw. den Anlass, den *Ort* sowie seinen *Beginn* und *Ende*. Bei Bedarf können Sie sogar die Wegzeit hinzufügen.

4 Mit einem Fingertipp auf *Hinweis* legen Sie fest, ob und wann Sie sich an Ihren Termin erinnern lassen möchten. Die jeweiligen Termine erscheinen dann rechtzeitig in den Mitteilungen.

Termine suchen

1 Bei einer Vielzahl von Terminen können Sie auch gezielt nach einzelnen Terminen suchen. Tippen Sie dazu auf das *Lupen*-Symbol rechts oben.

2 Geben Sie den Suchbegriff ein und wählen den gesuchten Termin aus der Liste aus.

→ **Mehrere Kalender verwenden**

Die **Kalender**-App erlaubt es Ihnen, unterschiedliche Kalender zu führen, zum Beispiel einen für die Arbeit, einen für die Familie und einen anderen für Ihre Freizeit. Tippen Sie dazu unten am Bildschirm auf den Eintrag **Kalender**. Hier können Sie die einzelnen Kalender ein- oder ausblenden. Über einen Fingertipp auf **Hinzufügen** lassen sich neue Kalender erstellen. Geben Sie dem Kalender einen aussagekräftigen Namen und wählen Sie eine der vorgeschlagenen Farben. Alle Kalender werden mit Ihren anderen iOS- sowie iPadOS-Geräten, Ihrem Mac oder Windows-PC (mit Outlook) über iCloud abgeglichen.

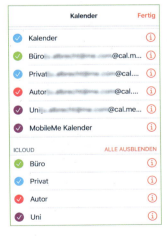

Die App Erinnerungen

Bei der *Erinnerungen*-App handelt es sich um eine Art digitale To-do-Liste, die Sie dabei unterstützt, Aufgaben zu erledigen und sich daran rechtzeitig und auf Wunsch sogar am passenden Ort erinnern zu lassen. Alle Einträge werden mit Ihren Apple-Geräten abgeglichen, auf denen Sie mit Ihrer Apple-ID angemeldet sind.

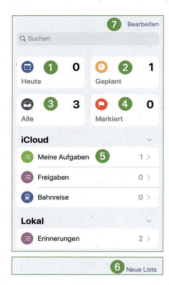

Überblick über die Erinnerungen-App

① **Heute:** aktuell fällige Erinnerungen

② **Geplant:** demnächst fällige Erinnerungen

③ **Alle:** Hier sind alle Erinnerungen zu finden.

④ **Markiert:** Von Ihnen gesondert markierte Erinnerungen werden an dieser Stelle aufgelistet.

⑤ **Meine Listen:** Hier finden Sie die von Ihnen erstellten Listen mit entsprechenden Erinnerungen.

⑥ **Neue Liste:** Erstellen Sie bei Bedarf eine weitere Liste.

⑦ **Bearbeiten:** Legen Sie neue Listen an, löschen Sie oder verschieben Sie diese.

Erinnerung erstellen

1 Starten Sie die *Erinnerungen*-App und tippen Sie nacheinander auf *Heute* oder auf *Geplant*, um die entsprechende Erinnerung zu erstellen.

2 Um eine neue Erinnerung zu erstellen, tippen Sie unten auf *Neue Erinnerung*. Geben Sie den Namen der Erinnerung ein.

3 Tippen Sie auf das kleine *i* und ergänzen Sie die fehlenden Informationen wie:

▶ **Notizen:** zusätzliche Informationen eingeben

▶ **URL:** eine Internetadresse ergänzen

▶ **Erinnern:** den Tag der Erinnerung angeben

▶ **Wecker:** die Zeit angeben, zu der Sie erinnert werden

▶ **An einem Ort erinnern:** Hier legen Sie den Ort fest, an dem Sie erinnert werden.

▶ **Markiert und Priorität:** Fügen Sie der Erinnerung eine Markierung und die gewünschte Priorität hinzu.

▶ **Liste:** Bestimmen Sie, wo die Erinnerung zu finden ist.

Eine ortsgebundene Erinnerung erstellen

Sehr praktisch sind ortsgebundene Erinnerungen. In diesem Fall werden Sie immer dann an Ihren Termin oder eine Aufgabe erinnert, sobald Sie sich an dem festgelegten Ort befinden.

1 Starten Sie die *Erinnerungen*-App. Tippen Sie je nachdem auf *Heute* oder *Geplant*.

2 Um eine neue Aufgabe zu erstellen, tippen Sie auf das *Plus*-Symbol sowie *Erinnerungen* und geben die Bezeichnung der Erinnerung ein.

3 Um weitere Daten hinzuzufügen, tippen Sie rechts auf das kleine i-Symbol. Aktivieren Sie dort *An einem Tag erinnern*.

4 Geben Sie über *Wecker* Datum und Uhrzeit an.

5 Als Nächstes aktivieren Sie die Option *An einem Ort erinnern*. Legen Sie den Ort fest, dessen Adresse Sie im Suchfeld eingeben. Legen Sie bei *Ankunft* oder bei *Abfahrt* fest.

6 Beenden Sie die Eingabe mit einem Fingertipp auf *Fertig*. Die Erinnerung finden Sie nun unter *Heute* oder *Geplant* sowie unter *Alle*.

Apps entdecken und nutzen

iPhones und iPads besitzen bereits ab Werk jede Menge Funktionen und Apps, die sie schon nach kurzer Zeit zu wichtigen Alltagsbegleitern machen. Spätestens durch die zahllosen Erweiterungsmöglichkeiten werden sie zu Universalwerkzeugen für Alltag und Beruf. In diesem Kapitel erfahren Sie, wie Sie hilfreiche Apps installieren, nutzen und entdecken.

Der App Store

Apps sind kleine Programme, die Ihr iPhone oder iPad um viele weitere Funktionen erweitern. Im App Store finden Sie eine riesige Auswahl an kostenlosen sowie kostenpflichtigen Apps für Arbeit, Freizeit und Unterhaltung. Im Folgenden zeigen wir Ihnen, wie Sie sich dort orientieren, die gewünschten Apps schnell finden, diese erwerben oder gratis herunterladen.

Der App Store im Überblick

1. **Heute:** Die redaktionell betreute Startseite des App Store mit aktuellen Angeboten und ausgewählten Apps zu unterschiedlichen Themen finden Sie an dieser Stelle.
2. **Spiele:** Spiele der unterschiedlichen Kategorien. Um Spiele einer bestimmten Kategorie zu suchen, wischen Sie nach unten bis zum gewünschten Eintrag.
3. **Apps:** Hier finden Sie alle Apps, gegliedert nach Kategorien wie Produktivität und Unterhaltung.
4. **Arcade:** Bei Arcade handelt es sich um eine für iPad, iPhone und den Mac verfügbare Spieleflatrate, die nach einem Gratismonat zum Testen 4,99 Euro/Monat kostet.
5. **Suchen:** Suchen Sie gezielt nach einer App, dann tippen Sie hier den Suchbegriff ein.

⑥ Benutzerkonto: Über das Benutzerkonto können Sie iTunes-Karten oder Codes einlösen, Guthaben einzahlen oder über *Käufe* die bereits erworbenen Apps erneut herunterladen. Außerdem werden dort die Updates für die auf dem iPad oder iPhone installierten Apps aufgelistet.

App herunterladen oder kaufen

1 Rufen Sie den *App Store* auf. Tippen Sie auf *Apps* und suchen Sie eine App über die verschiedenen *Themen* oder *Kategorien*. Alternativ können Sie auch die *Charts* aufrufen oder eine Suche über das Suchfeld durchführen.

2 Tippen Sie auf das Symbol der App, um eine genaue Beschreibung und Screenshots anzuschauen.

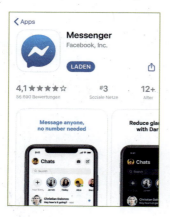

3 Möchten Sie die App kostenlos herunterladen oder erwerben, tippen Sie auf *Laden* oder das angezeigte Preisschild. Falls erforderlich, geben Sie das Kennwort Ihres Benutzerkontos für den iTunes Store ein.

4 Die App wird heruntergeladen und auf dem iPad oder iPhone installiert. Sie wird in der Regel auf dem ersten freien Platz eines der Home-Bildschirme abgelegt.

5 Bei Bedarf verschieben Sie die App – wie weiter oben beschrieben (siehe Seite 48) – an die gewünschte Stelle auf Ihrem Home-Bildschirm oder legen diese in einen bestehenden Ordner.

→ In-App-Käufe

Manche Apps sind auf den ersten Blick gratis, allerdings müssen Sie Zusatzfunktionen bezahlen – etwa um Dokumente in einem bestimmten Format speichern zu können. Der Kauf erfolgt direkt in der App. Die Bezahlung erfolgt über Ihr iTunes-Store-Konto und die dort hinterlegte Bezahlmethode.

Erworbene Apps erneut laden

Die über Ihr iTunes-Store-Benutzerkonto erworbenen Apps lassen sich nicht nur einmal herunterladen, sondern so oft Sie möchten – und zwar auch auf unterschiedlichen Geräten. Allerdings müssen Sie dazu mit demselben Konto angemeldet sein.

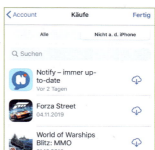

1 Rufen Sie den *App Store* auf. Tippen Sie rechts oben auf Ihr *Benutzerkonto* und dann auf dem Display auf *Käufe*.

2 Wählen Sie das Register *Nicht a. d. iPad* oder *Nicht a. d. iPhone*, dann werden alle Apps aufgelistet, die zurzeit nicht installiert sind, die Sie aber früher schon einmal erworben oder heruntergeladen haben.

3 Suchen Sie die App aus der Liste heraus oder geben Sie den Namen der App in das Suchfeld ein. Zum Herunterladen und Installieren tippen Sie auf das *Wolken*-Symbol.

4 Die App wird sofort heruntergeladen und installiert und kann sogleich von Ihnen verwendet werden.

Apps aktualisieren

Ihre Apps werden regelmäßig mit Updates versorgt – meist ganz von selbst. Um das zu überprüfen, tippen Sie in den *Einstellungen* auf *iTunes & App Store* und aktivieren, falls noch nicht geschehen, unter *Automatische Downloads* die Einstellung *App-Updates*.

Apps gezielt aktualisieren

Sofern Updates für die auf Ihrem iPhone und iPad installierten Apps erschienen sind, können Sie diese auf Wunsch gezielt aktualisieren. Hierfür ist der App Store zuständig.

1 Sind Updates vorhanden, erkennen Sie dies an einer kleinen Zahl direkt am App-Symbol des *App Store*.

2 Starten Sie den *App Store* und tippen Sie rechts oben auf das *Profilbild* Ihres Benutzerkontos sowie die *Apple-ID*.

3 Unter *Anstehende automatische Updates* werden die aktuell vorhandenen Updates aufgelistet.

4 Sie haben nun die Möglichkeit, die Apps über *Alle aktualisieren* auf einmal oder auch jede einzeln für sich auf den neuesten Stand zu bringen.

5 Dazu tippen Sie rechts neben der jeweiligen App auf *Aktualisieren*. Nachdem die Apps aktualisiert wurden, erscheint neben dem Eintrag der Schalter *Öffnen* und Sie können die App starten.

Apps und Medien auslagern

Falls der Speicherplatz auf Ihrem iPhone oder iPad knapp wird, können Sie Dateien und Apps in die iCloud auslagern – sofern Ihnen genug Speicherplatz in der iCloud zur Verfügung steht.

1 Öffnen Sie dazu die *Einstellungen* und tippen Sie auf *Allgemein > iPad/iPhone-Speicher > Alle anzeigen*.

2 Anschließend auf die weiteren Einträge wie *Apps auslagern* oder *iCloud-Fotos* – sofern Sie bestimmte Apps, Fotos oder andere Daten in die iCloud auslagern möchten.

Die App Notizen

Die unscheinbare *Notizen*-App ist zu weit mehr in der Lage, als nur Einkaufszettel zu schreiben.

Bereits mit dem iPhone und erst recht mit dem iPad lassen sich auch umfangreichere formatierte Texte erstellen, Listen zum Abhaken anlegen und Sie können andere Personen per E-Mail, iMessage oder über ein soziales Netzwerk dazu einladen, an Ihrem Text mitzuwirken. Fotos lassen sich ebenso hinzufügen wie PDF-Dokumente oder Webseiten. Und nicht zuletzt ist es möglich, mit dem Apple Pencil Zeichnungen (siehe den Abschnitt „Lieferumfang des iPad" ab Seite 11) und handschriftliche Notizen zu erstellen – sogar schon auf dem Sperrbildschirm.

Auf dem iPad-Sperrbildschirm eine Notiz verfassen

Um schnell etwas zu notieren, müssen Sie nun Ihr iPad nicht einmal mehr entsperren. Beim iPad Pro der 3. Generation genügt es, mit dem Apple Pencil (der 2. Generation) kurz auf den Bildschirm zu tippen.

1 Beim iPad wischen Sie vom linken oberen Rand des Bildschirms nach unten, um das Kontrollzentrum anzuzeigen. Dort tippen Sie auf *Erstellen* (Symbol mit Seite und Stift).

2 Die *Notizen*-App wird angezeigt und Sie können gleich loslegen. Beenden Sie die Eingabe mit einem abschließenden Fingertipp auf *Fertig*.

3 Ihre Notizen lassen sich später aber erst einsehen, wenn Sie das iPad wie üblich entsperren.

Neue Notiz anlegen

1 Tippen Sie rechts oben auf das Symbol *Neue Notiz*. Geben Sie in die erste Zeile den Namen der Notiz ein.

2 Verfassen Sie nun den Text der Notiz.

3 Möchten Sie eine Liste zum Abhaken erstellen, tippen Sie auf das entsprechende Symbol oben an der Bildschirmtastatur.

4 Um den Text zu formatieren, tippen Sie auf die zwei kleinen Buchstaben *A a* ebenfalls rechts oben an der Bildschirmtastatur.

Notizen löschen, verschieben und verschlüsseln

1 Zum Löschen von Notizen wischen Sie in der linken Spalte einfach von rechts nach links und tippen dann auf *Löschen*.

2 Möchten Sie die Notiz stattdessen verschieben, tippen Sie auf das *Ordner*-Symbol und wählen anschließend den gewünschten Ordner aus oder tippen auf *Neuer Ordner*.

3 Soll die Notiz verschlüsselt werden, tippen Sie auf das *Schloss*-Symbol und geben Sie ein Kennwort ein. Merken Sie sich das Kennwort gut, sonst können Sie später nicht mehr auf die Notiz zugreifen.

Gemeinsam Notizen bearbeiten

Um zusammen mit anderen Personen eine Notiz zu verfassen, gehen Sie auf die im Folgenden beschriebene Weise vor.

1 Wählen Sie in der linken Spalte die gewünschte Notiz aus, die Sie mit anderen zusammen bearbeiten möchten, und tippen Sie dann rechts oben auf *Person hinzufügen*.

2 Die Einladung kann über E-Mail, die *Nachrichten*-App oder auch ein soziales Netzwerk erfolgen.

3 Unter *Freigabeoptionen* geben Sie an, ob der- oder diejenige die Notiz nur betrachten oder auch bearbeiten darf.

4 Wurde die Einladung auf eine der oben genannten Weisen angenommen, können Sie die Notiz gemeinsam bearbeiten. Natürlich muss die entsprechende Person auch über ein iPad, iPhone mit mindestens iOS 12 oder einen Mac mit macOS Sierra sowie eine Apple-ID verfügen.

Fotos hinzufügen und Dokumente scannen

Ihren Notizen lassen sich auf unterschiedliche Art Abbildungen, PDF- oder andere Dateien hinzufügen. Papierdokumente können Sie gleich mit der App scannen, das heißt mit der Kamera Ihres iPad oder iPhone fotografieren und einfügen.

1 Wählen Sie die Notiz links aus oder erstellen Sie eine neue. Wischen Sie nach unten.

2 Tippen Sie auf das *Kamera*-Symbol und anschließend auf *Fotomediathek*. Wählen Sie die Fotos aus und tippen Sie auf *Fertig*. Diese werden umgehend in die aktuelle Notiz eingefügt.

3 Zum Scannen eines Dokuments tippen Sie erneut auf das *Kamera*-Symbol und dann auf den Eintrag *Dokumente scannen*.

4 Wählen Sie hier am besten auf der linken Seite statt *Auto* den Eintrag *Manuell*.

5 Platzieren Sie das iPad oder iPhone so, dass das zu scannende Dokument vollständig auf dem Bildschirm zu sehen ist. Halten Sie das iPhone oder iPad möglichst ruhig und betätigen Sie den *Auslöser*.

6 Bei Bedarf ziehen Sie den Rahmen auf, sodass der sämtliche zu scannende Inhalt auch innerhalb dieses Rahmens liegt.

7 Zum Speichern tippen Sie auf *Scan behalten*. Der Scan wird in die *Notizen*-App übernommen und kann dort weiterbearbeitet werden.

Dokumente hinzufügen

Andere Dateien, wie zum Beispiel PDF-Dokumente, können Ihrer Notiz auch per Ziehen & Ablegen (Englisch: Drag & Drop) hinzugefügt werden.

1 Öffnen Sie die *Notizen*-App und erstellen Sie eine neue Notiz oder wählen Sie eine vorhandene aus.

2 Ziehen Sie das Symbol der *Dateien*-App vom Dock an die linke Seite des Bildschirms.

3 Tippen Sie auf die Dateien und verschieben Sie diese leicht, um sie zu „lösen". Ziehen Sie die Dateien auf die Notiz rechts.

4 Zum Löschen aus der Notiz genügt es, auf diese zu tippen und dann im Kontextmenü den Befehl *Löschen* zu wählen.

Die App Sprachmemos

Was bislang dem iPhone vorbehalten war, funktioniert mittlerweile auch mit dem iPad: Sprachnotizen erstellen wie mit einem Diktiergerät. So nutzen Sie diese Funktion:

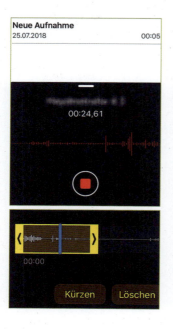

Sprachmemo erstellen

1 Starten Sie die *Sprachmemos*-App per Fingertipp.

2 Um ein Sprachmemo aufzunehmen, tippen Sie auf den *roten Aufnahmeknopf*. Nach der Aufnahme tippen Sie auf *Fertig*.

3 Das Sprachmemo wird gespeichert und ist anschließend in der linken Spalte zu finden. Zum Anhören wählen Sie diese aus und tippen auf den Schalter *Abspielen*.

4 Zum Bearbeiten des Sprachmemos tippen Sie rechts oben auf den Eintrag *Bearbeiten* und dann auf den *blauen Rahmen* ebenfalls rechts.

5 Um den Anfang und das Ende zu kürzen, verschieben Sie den linken und den rechten *gelben Rahmen* entsprechend und tippen dann auf *Kürzen* sowie *Sichern* und/oder *Ersetzen*, um das bearbeitete Sprachmemo entsprechend zu speichern.

Sprachmemos synchronisieren

Damit die Sprachmemos über iCloud mit Ihren anderen Apple-Geräten abgeglichen werden, gehen Sie so vor:

1 Öffnen Sie die *Einstellungen*, tippen Sie dort auf Ihren *Benutzernamen* und anschließend auf *iCloud*.

2 Blättern Sie nach unten bis zum Eintrag *Sprachmemos*. Wenn Sie diesen aktivieren, werden Ihre Sprachmemos ebenfalls über iCloud synchronisiert.

→ **Memos automatisch nach Aufnahmeort benennen**

Um darüber im Bilde zu sein, wo Sie Ihre Sprachmemos aufgenommen haben, können Sie diese auch nach dem Aufnahmeort benennen lassen. Öffnen Sie dazu die **Einstellungen** und suchen Sie den Eintrag **Sprachmemos**. Dort aktivieren Sie die Option **Ortsabhängige Benennung**.

Die Office-Apps

Als frisch gebackenem iPad- oder iPhone-Besitzer stehen Ihnen auch die hervorragenden Office-Apps *Pages*, *Numbers* und *Keynote* kostenlos zur Verfügung, deren Funktionalität Microsoft Office nur in Wenigem nachsteht.

Während es sich bei *Pages* um eine Textverarbeitung handelt, fungieren *Numbers* als Tabellenkalkulation und *Keynote* als Präsentationsprogramm. Einen kleinen Einstieg in die Arbeit mit diesen Apps geben wir Ihnen auf den folgenden Seiten.

Textdokument mit Pages erstellen

1 Starten Sie *Pages* mit einem Fingertipp. Sie finden es in der Regel auf dem zweiten Home-Bildschirm.

2 Tippen Sie auf *Durchsuchen* und legen Sie mit einem Fingertipp auf *Dokument erstellen* ein neues Dokument an. Sie haben die Wahl zwischen unterschiedlichen Dokumentvorlagen.

3 Nach der Auswahl der Dokumentvorlage können Sie loslegen. Tippen Sie auf die Seite, dann erscheint die Bildschirmtastatur von iOS oder iPadOS.

4 Die Befehle zur Formatierung, wie *Schriftart*, *Schriftformatierung*, *Schriftgröße* oder *Textausrichtung* und *Umbrüche*, finden Sie am oberen Rand der Bildschirmtastatur.

5 Über das *Menü mit dem Pinselsymbol* rechts oben können Sie Formatvorlagen (Stile) auswählen, um bestimmte Textteile wie Überschriften immer gleich zu gestalten.

6 Über das *Plus*-Symbol, das Sie ebenfalls rechts oben finden, fügen Sie Ihrem Textdokument Tabellen, Grafiken oder Abbildungen hinzu.

7 Das Dokument wird automatisch in iCloud gesichert. Alternativ können Sie es auch über die *drei Punkte* rechts oben als Pages-, PDF- oder Word-Dokument versenden oder an eine andere App übergeben.

Tabelle mit Numbers anlegen

1 Starten Sie *Numbers*. Auch diese App ist in der Regel auf dem zweiten Home-Bildschirm zu finden.

2 Tippen Sie unten auf *Durchsuchen* und legen Sie mit einem Fingertipp auf *Dokument erstellen* ein neues Tabellendokument an.

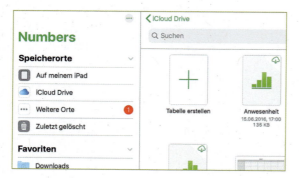

3 Nach der Auswahl der passenden Dokumentvorlage, wie zum Beispiel *Persönliches Budget*, können Sie mit der Eingabe beginnen. Tippen Sie auf eine Spalte der Tabelle, dann erscheint die Bildschirmtastatur von iOS oder iPadOS.

4 Auf der Bildschirmtastatur finden sich *vier Symbole*. Über das erste Symbol geben Sie Text ein, über das zweite Zahlen und Zahlenformate, das dritte steht für Datum und Uhrzeiten und über das vierte definieren Sie Funktionen.

5 Über das Menü mit dem *Pinsel*-Symbol rechts oben lassen sich Tabellen sowie Texte formatieren, Formatvorlagen (Stile) auswählen, um bestimmte Textteile wie Überschriften immer gleich zu formatieren.

6 Über das *Plus*-Symbol, ebenso rechts oben, fügen Sie Ihrem Tabellendokument weitere Tabellen, Grafiken oder Abbildungen hinzu.

7 Auch das Tabellendokument wird automatisch in iCloud gesichert. Alternativ können Sie es auch über die *drei Punkte* rechts oben als Numbers-, PDF- oder Excel-Dokument exportieren, teilen und versenden oder an eine andere App übergeben.

Präsentationen mit Keynote erstellen

1 Starten Sie *Keynote* mit einem Fingertipp. Sie finden es in der Regel auf dem zweiten Home-Bildschirm.

2 Legen Sie mit einem Fingertipp auf *Durchsuchen* sowie *Dokument erstellen* ein neues Dokument an. Sie haben die Wahl zwischen zahlreichen Präsentationsvorlagen unterschiedlichster Art.

3 Nach der Wahl der Dokumentvorlage legen Sie los. Geben Sie als Erstes den Titel sowie den Untertitel auf der ersten Folie ein. Hierzu erscheint die Bildschirmtastatur von iOS oder iPadOS.

4 Über den kleinen *Plus*-Schalter unten links legen Sie weitere Folien an. Wählen Sie die passende aus und geben Sie auch dort den Text ein.

5 Über das *Menü mit dem Pinselsymbol* rechts oben können Sie den Text formatieren sowie Formatvorlagen (Stile) auswählen.

6 Über das *Plus*-Symbol, ebenso rechts oben, fügen Sie Ihrer Präsentation Tabellen, Grafiken oder Abbildungen hinzu.

7 Das Dokument wird automatisch in iCloud gesichert. Alternativ können Sie es auch über die *drei Punkte* rechts oben als Keynote-, PDF- oder PowerPoint-Dokument versenden oder an eine andere App übergeben.

8 Möchten Sie die Präsentation starten und betrachten, tippen Sie auf das *Abspielen*-Symbol rechts oben.

Microsoft Office für iOS sowie iPadOS

Auch das beliebte Microsoft Office gibt es in einer Version für iOS sowie iPadOS: Es ist auf die Bedienung mittels eines Multi-Touch-Displays sowie einer Bildschirmtastatur ausgelegt und hat einen – gegenüber den Versionen für macOS und Windows – leicht eingeschränkten Funktionsumfang. Alle wichtigen Funktionen sind bei den drei Anwendungen Word, Excel sowie PowerPoint jedoch mit an Bord.

Im Gegensatz zu *Pages*, *Numbers* und *Keynote* von Apple muss Microsoft Office gesondert erworben werden. Falls Sie einen PC besitzen, ist der Kauf von Microsoft Office 365 für knapp 70 Euro sinnvoll. Hier erhalten Sie ein für ein Jahr gültiges Abo von Microsoft Office und können es sowohl auf dem Mac oder Windows-PC als auch auf dem iPad und iPhone installieren.

Der Kauf von Microsoft Office ist vor allem dann ratsam, wenn Sie Dokumente mit anderen Microsoft-Office-Anwendern austauschen oder es auch anderweitig nutzen. Falls Sie Microsoft Office einmal genauer anschauen wollen, besteht die Möglichkeit, sich im App Store eine 30 Tage lang voll funktionsfähige Testversion gratis herunterzuladen.

Alltags-Apps: Verkehr, News, Wetter, Fitness, Shopping & Co.

Die passende App vorausgesetzt, zeigt Ihnen das iPhone oder iPad auch den Weg, ob zur Arbeit, zum Shoppen oder in den Urlaub. Sie haben hier – je nach Anspruch – die Wahl, ob Sie die *Karten*-App von iOS 13 und iPadOS 13 verwenden, das omnipräsente Google Maps oder ob Sie auf die Navigations-App eines etablierten Drittanbieters vertrauen. Im Folgenden kommt zunächst die *Karten*-App von iOS 13 und iPadOS 13 zum Einsatz.

Die Karten-App von iOS 13 und iPadOS 13

❶ **Einstellungen:** In den Einstellungen bestimmen Sie unter anderem das Erscheinungsbild der Karten.

❷ **Ortsbestimmung:** Mit einem Fingertipp auf das *Kompass*-Symbol wird Ihr gegenwärtiger Aufenthaltsort angezeigt, und der Kartenausschnitt verändert sich dementsprechend.

❸ **Aktueller Aufenthaltsort:** Ihr gegenwärtiger Aufenthaltsort wird mit einem *pulsierenden blauen Punkt* angezeigt.

❹ **Suchfeld:** Suchen Sie hier nach einem Ort oder einer Adresse.

❺ **Siri-Vorschläge:** Siri unterbreitet Ihnen Vorschläge für passenden Routen.

❻ **Favoriten:** Hier finden Sie die bereits von Ihnen erstellten Routen.

❼ Sammlungen: In die Sammlungen nehmen Sie Ihre Lieblingsorte auf. Diese können Sie mit anderen teilen oder Ihren Kontakten hinzufügen.

❽ Zuletzt angesehen: Alle Orte und Routen, die Sie zuletzt angesehen und aufgerufen haben, sind in dieser Liste aufgeführt.

❾ Ansichten: Dies sind die unterschiedlichen Ansichten der *Karten*-App, wie *Karte*, *ÖPNV* (nur Städten verfügbar mit öffentlichem Nahverkehr) sowie *Satellit*.

❿ Weitere Einstellungen: Hier blenden Sie den Verkehr ein – soweit verfügbar –, markieren einen Standort oder melden Probleme der *Karten*-App an Apple.

→ Das iPad als Navi

Falls Sie Ihr iPad als Navigationsgerät nutzen wollen, muss es sich dabei um ein iPad Wi-Fi + Cellular handeln. Nur dann kann es Ihnen weitgehend fehlerfrei den Weg weisen. Es gibt zwar auch Apps, die ohne Internetverbindung funktionieren, allerdings müssen Sie dann darauf verzichten, dass Sie unterwegs auf Staus oder Umleitungen hingewiesen werden, und die Straßenführung tatsächlich auf dem aktuellen Stand ist.

Eine Route planen

Im Folgenden zeigen wir Ihnen, wie Sie mit der *Karten*-App von iOS 13 oder iPadOS 13 eine Route planen. Falls Sie Ihr iPhone oder iPad nur selten zur Routenplanung und Navigation verwenden, genügen die *Karten*-App oder auch Google Maps. Ansonsten ist es ratsam, eine der bekannten kostenpflichtigen Navigations-Apps zu nutzen – diese sind in der Regel aktueller und zuverlässiger. Die Voraussetzung ist natürlich, dass Sie die App pflegen und immer alle Updates installieren.

Sorgen Sie auf jeden Fall für eine gute Befestigung des iPhone oder gar iPad im Auto am Armaturenbrett. Für das iPhone ist eine Halterung mit Verankerung in den Lüftungsschlitzen am besten geeignet – von einer mit Saugnapf für die Windschutzscheibe wird jedoch abgeraten. Das iPhone schränkt die Sicht nach vorn ein, die Halterung kann sich während der Fahrt lösen und samt iPhone herunterfallen.

1 Starten Sie die *Karten*-App und passen Sie die Darstellungsgröße der Karte an. Der *pulsierende blaue Punkt* zeigt Ihren gegenwärtigen Aufenthaltsort an.

2 Geben Sie die Adresse des Zielorts möglichst genau mit Ort, Straße sowie Hausnummer in das *Suchfeld* ein und bestätigen Sie mit der Eingabetaste. Der Zielort wird auf der Karte mit einer *Stecknadel* versehen.

3 Um die Route zu berechnen, tippen Sie auf *Route*. Wählen Sie zudem das gewünschte Verkehrsmittel aus. Eine ÖPNV-Route, also über öffentliche Verkehrsmittel, ist übrigens nur für größere Städte verfügbar!

4 Zur Navigation tippen Sie einfach auf *Los* und folgen dann den Anweisungen der *Karten*-App.

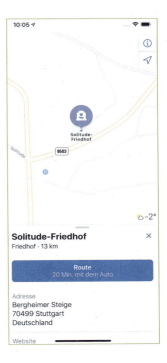

Google Maps – die Alternative zur Karten-App

Die erste Version der *Karten*-App – noch unter iOS 6 – war aufgrund vieler Fehler sehr ungenau und nur eingeschränkt verwendbar. Dies hat sich bis zur aktuellen Version natürlich geändert. Falls Ihnen Apples *Karten*-App dennoch nicht zusagt, finden Sie im App Store zahlreiche Alternativen. Geht es Ihnen nur darum, eine digitale Karte zur Verfügung zu haben, um schnell einmal eine Adresse zu finden, dann genügt Google Maps. Wie die *Karten*-App kann Google Maps auch zur Navigation verwendet werden, allerdings benötigen Sie auch hier unterwegs einen stabilen Internetzugang.

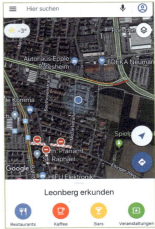

Öffentlicher Personennahverkehr (ÖPNV)

Mit dem iPhone behalten Sie nicht nur im Straßen-, sondern auch im öffentlichen Nahverkehr den Überblick. Bahnfahrer können auf die praktische App *DB Navigator* zurückgreifen, die regelmäßig aktualisiert und kostenlos im App Store erhältlich ist.

Mit der App finden Sie nicht nur die nächsten Anschlüsse, sondern können auch die Fahrkarte buchen. Es genügt, dem Zugbegleiter die App mit der elektronischen Fahrkarte zu zeigen. Des Weiteren erfahren Sie über den DB Navigator aktuelle Verspätungen und Störmeldungen.

Eine Bahnverbindung suchen

1 Wählen Sie links oben per Fingertipp im Menü *Reiseauskunft* aus.

2 Geben Sie nun *Start* und *Ziel* ein, wählen Sie den *Reisetermin* und anschließend weiter unten, wie viele Personen reisen, ob Sie eine Bahncard besitzen und anderes.

3 Nachdem Sie die Suche durchgeführt haben, werden Ihre Verbindungen aufgelistet, die Sie gegebenenfalls auswählen und buchen können. Ein Kundenkonto bei der Deutschen Bahn mit Bezahlmöglichkeit ist Voraussetzung.

→ Apps der Verkehrsverbünde

Sind Sie eher im Regional- oder Nahverkehr unterwegs, können Sie auf die Apps des jeweiligen Verkehrsverbundes Ihrer Stadt oder Region zurückgreifen. Führen Sie einfach eine Suche im App Store durch, um die entsprechende App zu finden. Wenn Sie den Namen Ihrer Stadt eingeben und „Nahverkehr" oder „Verkehrsverbund", werden Sie schnell fündig.

News-Apps

Nachrichten-Apps gehören zu den Anwendungen, die Sie voraussichtlich tagtäglich nutzen, wenn Sie ein iPhone oder iPad besitzen. Die Auswahl an entsprechenden Apps ist sehr umfangreich: Ob Fernsehsender, Tageszeitung oder Nachrichtenmagazin – alle haben ihre eigene App. *Spiegel Online* und *Focus Online* haben ebenso eine App wie *N24*, *n-tv*, die *Welt* oder auch *Bild*. Zudem gibt es die Apps der *Tagesschau* oder von *heute*. Auch regionale Zeitungen stellen ihren Lesern oft eine App zur Verfügung. Die Qualität der Anwendungen und die Inhalte sind unterschiedlich. Während der eine Anbieter alle Inhalte kostenlos zur

Der Juso-Vorsitzende Kevin Kühnert konkretisiert im Gespräch mit dem SPIEGEL seine Vorstellungen für die Zukunft der SPD: Er will die Mitglieder konsequent beteiligen - und distanziert sich vom Stil des Vizekanzlers

Verfügung stellt, sind bei anderen Bezahlschranken vorhanden.

Die meisten Nachrichten-Apps bieten die Möglichkeit, aktuelle Nachrichten und Meldungen in der Mitteilungszentrale – auch auf dem Sperrbildschirm – einzublenden, sodass Sie immer über die aktuelle Weltlage auf dem Laufenden bleiben. Die entsprechenden Einblendungen und Hinweise lassen sich über die *Einstellungen*, den Eintrag *Mitteilungen* sowie den Namen der entsprechenden App auch abstellen.

Die Wetter-App

Was die Wettervorhersage anbelangt, bietet Apple mit der *Wetter*-App für das iPhone eine praktische Anwendung, welche den meisten Anforderungen genügt und die Wettervorhersage für mehrere Orte anzeigt.

Auf diese Weise fügen Sie der *Wetter*-App einen neuen Ort hinzu:

1 Starten Sie die App und tippen Sie rechts unten auf die *drei übereinanderliegenden Striche*.

2 Anschließen scrollen Sie ganz nach unten und tippen dort auf das *Plus*-Symbol.

3 Suchen Sie den Ort anhand der PLZ oder des Namens. Wählen Sie ihn per Fingertipp aus.

4 Wenn Sie nun den Ort wählen, wird die Wettervorhersage angezeigt. Unter dem Ortsnamen erscheint zudem eine Meldung, ob die Beschaffenheit der Luft unter Umständen Beschwerden verursachen könnte.

→ **Wo befindet sich die Wetter-App des iPad?**

Auf dem iPad ist keine eigentliche Wetter-App installiert wie auf dem iPhone. Allerdings gibt es in der Ansicht **Heute** ein Wetter-Widget, dem Sie die Wettervorhersage an Ihrem Aufenthaltsort entnehmen können. Im App Store ist zudem eine große Auswahl an kostenpflichtigen, aber auch kostenlosen Wetter-Apps verfügbar, von denen Sie eine oder mehrere installieren können.

Unwetter- und Katastrophenwarnung

Extreme Wetterereignisse haben in den letzten Jahren stetig zugenommen. Damit Sie über etwaige Unwetter und sonstige mögliche Gefahren stets im Bilde sind, können Sie entsprechende Apps herunterladen und nutzen.

▶ **WarnWetter** zeigt Ihnen nicht nur die Wettervorhersage an, sondern meldet auch, wenn Unwetter im Anmarsch sind. Zudem gibt es eine praktische Wetterkarte.

▶ **Alerts Pro** lässt Sie mehrere Orte definieren, für die die Wetterlage verfolgt wird. Auch hier erhalten Sie eine Meldung, wenn ein Unwetter bevorsteht oder extreme Hitze oder Kälte erwartet wird.

▶ **Katwarn** hingegen hält sie über Gefahrenlagen auf dem neuesten Stand. Dies können Unwetter ebenso sein wie andere Katastrophen oder Terroranschläge.

Einkaufen

Ihr iPhone und iPad dient dank der *Notizen*-App nicht nur als Ersatz für den Einkaufszettel, Ihr Einkauf lässt sich mit den entsprechenden Apps auch gleich online erledigen. Dies gilt nicht nur für reine Onlineshops wie *Amazon* oder *eBay*. Auch für den *Apple Store* ist eine App erhältlich, mit der Sie sich Bestellungen ins Haus liefern oder im nächsten Apple Store für Sie zu Abholung reservieren lassen können.

Mit den Apps der großen Elektrodiscounter wie *Media-Markt* und *Saturn* können Sie ebenfalls in deren Onlineshops einkaufen. Um sich über die günstigsten Angebote für ein Produkt zu informieren, greifen Sie auf Preisvergleichs-Apps wie zum Beispiel *guenstiger.de* oder *idealo.de* zurück.

Gesundheit und Fitness

Smartwatches und Fitnessarmbänder sind beliebt wie nie. Damit lassen sich nicht nur Trainingsfortschritte protokollieren, sondern auch Vitalzeichen wie der Puls kontrollieren, Schritte zählen oder eine einfache Schlafanalysen, vornehmen.

Mit der *Health*-App von Apple ist eine entsprechende Anwendung auch auf Ihrem iPhone installiert. Schon ohne jegliche Zusatzgeräte können Sie die zurückgelegten Schritte und die bewältigten Stockwerke zählen oder Ihren Schlaf protokollieren. Weitere Werte wie beispielsweise den Blutdruck können Sie, nach der Ermittlung mit einem Blutdruckmessgerät, aber auch von Hand eingeben.

Möchten Sie beispielsweise herausfinden, wie viele Schritte Sie am Tag zurückgelegt haben, gehen Sie wie folgt vor:

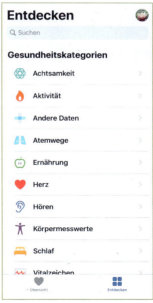

1 Starten Sie die *Health*-App, die sich in der Regel auf dem ersten Home-Bildschirm des iPhone befindet.

2 Tippen Sie auf *Aktivität*, werden die Zahl der Schritte, die zurückgelegte Strecke sowie die Stockwerke angezeigt.

3 Möchten Sie die Daten für einen längeren Zeitraum einsehen, tippen Sie auf den entsprechenden Eintrag und wählen dann *Tag*, *Woche*, *Monat* oder *Jahr* aus.

4 Wie hoch Ihr Pulsschlag dabei war und momentan ist, finden Sie heraus, indem Sie sich die Übersicht des Eintrags *Herzfrequenz* anschauen und darauf tippen.

→ Apple Watch, Fitnessarmbänder und Messgeräte

Die **Health**-App spielt ihre Stärken vorwiegend in Zusammenarbeit mit Fitnessarmbändern aus, speziell der Apple Watch, sowie Blutdruck- oder Fiebermessgeräten, die ebenfalls mit dem iPhone zusammenarbeiten und die Werte übermitteln.

Bei Geräten von Drittanbietern sollten Sie auf eine entsprechende Kompatibilität zum iPhone sowie zur **Health**-App achten, damit die protokollierten Daten übernommen werden. Am besten harmoniert die hauseigene Apple Watch mit dem iPhone. Diese besitzt einen Herzfrequenzmesser, eine EKG-Funktion, eine Trainings- und eine Workout-App, die nicht nur die Schritte und zurückgelegten Strecken protokolliert, sondern auch die Stunden, in denen Sie stehen. Trainingsziele können vorgegeben werden, und beim Erreichen des entsprechenden Ziels werden Sie informiert.

Apps für soziale Netzwerke

Nutzen Sie die bekannten sozialen Netzwerke wie *Twitter*, *Facebook* und Co., dann finden Sie die entsprechenden Apps im Apple App Store. Im Gegensatz zu früheren Versionen von iOS sind diese nicht mehr vorinstalliert oder in das Betriebssystem integriert.

Laden Sie deren Apps daher bei Bedarf herunter, geben Sie Ihre Zugangsdaten ein – und schon kann es losgehen.

Apps für Augmented Reality

Seit iOS 12 und iOS 13 sowie iPadOS 13 wird von Apple eine Neuerung besonders beworben, die Unterstützung für die sogenannte Augmented Reality – zu Deutsch: „erweiterte Realität". Hierbei werden auf dem Smartphone- und Tablet-Display oder auch auf einer Datenbrille zusätzlich zu dem von der Kamera und dem Auge erfassten Bild weitere computergenerierte Informationen eingeblendet, wie beispielsweise in einem Museum weiterführende Informationen zu einem Exponat oder in einem Reiseführer zur Umgebung.

Bislang findet die „Augmented Reality" vornehmlich in Spiele-Apps Verwendung. Tatsächlich ist der Anwendungsbereich aber ein viel größerer. Als Beispiel für eine sinnvolle Anwendung hat Apple in iOS 13 und iPadOS 13 die App *Maßband* integriert. Diese erlaubt das genaue Ausmessen von Gegenständen und Objekten mit dem Smartphone oder Tablet. Besonders praktisch ist die App natürlich für Heimwerker.

Mit der Maßband-App ein Möbelstück ausmessen

1 Starten Sie die *Maßband*-App und bewegen Sie das iPhone oder iPad so, dass die Kamera eine Oberfläche zum Messen erkennen kann.

2 Sobald dies der Fall ist, erscheint in der Mitte des Bildschirms ein *Kreis mit einem weißen Punkt*. Bewegen Sie diesen Kreis an die erste Stelle der Messung.

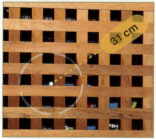

3 Tippen Sie auf das *Plus*-Zeichen, um den ersten Messpunkt festzulegen.

4 Bewegen Sie nun den Kreis mit dem Punkt auf den anderen Messpunkt und tippen Sie erneut auf das *Plus*-Zeichen. Die Entfernung wird gemessen und angezeigt.

5 Zum Speichern der Messung tippen Sie auf den *Auslöser*, um ein Foto aufzunehmen. Das Foto finden Sie anschließend in der *Foto*-App.

→ Mit der Ikea-App Möbel platzieren

Sind Sie ein Fan des schwedischen Möbelhauses, so können Sie mit der App **Ikea Place** Billy, Kallax und Co. per Augmented Reality schon vor dem Kauf in Ihrer Wohnung platzieren. Auf diese Weise wissen Sie, ob das Möbelstück an den von Ihnen bevorzugten Platz passt und wie dies voraussichtlich aussehen wird. Die App finden Sie im App Store und ist selbstverständlich kostenlos erhältlich.

Die Home-App – Ihr Heim steuern

Vielleicht haben Sie sich schon gefragt, wofür die *Home*-App von iOS 13 und iPadOS 13 überhaupt gut ist. Mit dieser App können Sie – falls vorhanden – Apple-HomeKit-kompatible Geräte in Ihrem Haus oder in der Wohnung einrichten und steuern, wie z. B. Jalousien, Beleuchtung, Türen oder auch den Apple HomePod. Falls Sie vorhaben, ein „Smart Home" auf der Basis von Apples Home Kit einzurichten, achten Sie beim Kauf auf das entsprechende Logo. Ist Ihr Haus dann entsprechend ausgestattet, dient Ihr iPhone oder iPad als Steuerungszentrale.

Die iTunes-App

Der bequemste Weg zu Musik, Filmen und anderen Medien führt zuallererst über die *iTunes-Store*-App. Im iTunes Store können Sie direkt auf dem iPhone und iPad nach Herzenslust einkaufen.

Der iTunes Store im Überblick

❶ Genres: Hier finden Sie eine Liste der jeweiligen Genres, ob Musik, Filme oder TV-Sendungen.

❷ Wunschliste: In die Wunschliste nehmen Sie alle Medien auf, die Sie interessieren und später unter Umständen erwerben möchten.

❸ Suchfeld: Falls Sie einen bestimmten Interpreten, ein Album, ein Lied oder einen Film suchen, geben Sie hier den jeweils passenden Suchbegriff ein und führen die Suche durch.

❹ Neuheiten: Die Neuheiten der gewählten Sparte oder des Genres finden Sie an dieser Stelle.

❺ Musik: die Musikabteilung des iTunes Stores

❻ Filme: Möchten Sie die neuesten Blockbuster herunterladen, dann sind Sie hier richtig.

❼ TV-Sendungen: TV-Sendungen und Serien lassen sich im iTunes Store ebenfalls erwerben.

❽ Charts: Über die Schaltfläche *Charts* erscheint eine Liste

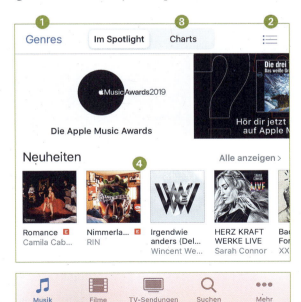

der momentan gefragtesten Musiktitel, Alben, Filme oder auch Fernsehsendungen.

→ Apple-ID und Bezahlmöglichkeit

Um im iTunes Store einzukaufen, sind eine Apple-ID (siehe Seite 24) sowie eine Bezahlmöglichkeit erforderlich. Zahlen können Sie mit einer Kreditkarte, per PayPal oder iTunes-Karten. iTunes-Karten für 15–100 Euro oder mit einem von Ihnen festgelegten Wunschbetrag sind nahezu überall erhältlich – online ebenso wie in Elektronik- und Supermärkten, Drogerien oder Kaufhäusern.

Diese lösen Sie dann im iTunes Store über die Eingabe oder das Einscannen der Seriennummer ein. Der Betrag wird Ihnen umgehend gutgeschrieben und Sie können nach Belieben einkaufen. Auch die Bezahlung über die Handyrechnung ist möglich, sofern Ihr Mobilfunkprovider dies unterstützt, was derzeit die Telekom, Vodafone und O2 tun.

Die Musik-App

Auch wenn mit dem iPod touch gegenwärtig noch ein Abkömmling des iPod erhältlich und kürzlich sogar erst runderneuert wurde, so sind iPhone und iPad eigentlich die „legitimen" Nachfolger des legendären MP3-Players von Apple, der einst die Art und Weise, wie wir Musik hören, revolutioniert hat. Neben den vom iPod bekannten Funktionen zum Musikhören sind diese natürlich gerade für das Musikstreaming unterwegs – auch über das Mobilfunknetz – bestens geeignet.

Musik hören

Um Ihre Musiktitel oder -alben anzuhören, nutzen Sie nicht die *iTunes-Store*-App, sondern die *Musik*-App von iOS 13 und iPadOS 13. Als eine der wohl meistgenutzten Apps finden Sie diese im Dock am unteren Rand des Displays.

1 Öffnen Sie die *Musik*-App mit einem Fingertipp. Die Startseite von Apple Music erscheint mit den zuletzt von Ihnen hinzugefügten Alben und Titeln.

2 Über einen Fingertipp auf *Mediathek* greifen Sie auf Ihre Wiedergabelisten (Playlists), auf Künstler, Alben oder Titel zu.

3 Falls Sie Ihre neuesten Alben und Musiktitel suchen, tippen Sie auf *Zuletzt hinzugefügt* und wählen das Album oder den Musiktitel aus.

4 Um das gesamte Album anzuhören, tippen Sie auf dem Cover auf *Abspielen* oder erst auf das Cover und dann auf *Wiedergabe*. Für einzelne Titel wählen Sie erst das Album aus und tippen dann auf den gewünschten Titel.

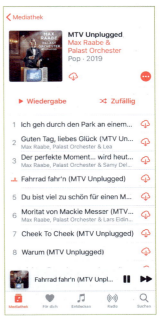

5 Am unteren Rand des Displays wird angezeigt, welcher Titel momentan abgespielt wird. Zum Pausieren tippen Sie auf den Schalter *Pause*.

6 Weitere Informationen zum abgespielten Titel, unter anderem den Liedtext (soweit vorhanden), finden Sie, wenn Sie am unteren Rand des Displays auf selbigen tippen.

7 Über das *Kontrollzentrum* können Sie ebenfalls das Abspielen von Musik steuern (siehe Seite 53).

Wo Sie Musik, Filme und Co. finden

Um Musik – aber auch andere Medien – auf das iPhone oder iPad zu laden, stehen Ihnen mehrere unterschiedliche Möglichkeiten offen.

▶ **im iTunes Store** erwerben

▶ **bei einem alternativen Anbieter** – im MP3-Format – erwerben

▶ **über Apple Music streamen** und auf Ihr Gerät herunterladen

▶ **über einen alternativen Dienst streamen** oder auf Ihr Gerät laden

▶ **über iTunes oder den Finder** (ab macOS Mojave) vom Computer übertragen

Musik im iTunes Store kaufen

1 Öffnen Sie per Fingertipp den *iTunes Store* auf dem ersten Home-Bildschirm und tippen Sie unten am Display auf den Eintrag *Musik*.

2 Suchen Sie ein Album oder einen Titel aus. Hierbei können Sie sich an den Genres links oben orientieren oder zum Beispiel an den Kategorien *Neuheiten*, *New Music Daily* und *Song-Charts*.

3 Anderenfalls haben Sie selbstverständlich auch die Möglichkeit, über die Suchfunktion gezielt nach Album-, Titel- oder Künstlernamen zu suchen.

4 Haben Sie den gewünschten Titel oder das Album gefunden, tippen Sie auf dessen Cover. Um in einen Titel hineinzuhören (30 Sekunden lang), tippen Sie auf diesen.

5 Möchten Sie das Album erwerben, tippen Sie auf das Preisschild. Anschließend wird das Album heruntergeladen, was in der Regel recht schnell geschieht.

6 Die heruntergeladenen Alben oder Titel finden später in der *Musik*-App unter *Zuletzt hinzugefügt*.

Alternativen zum iTunes Store

Wenn Sie Musik für Ihr iPhone oder iPad herunterladen wollen, können Sie auch auf alternative Anbieter zurückgreifen. Hier bieten sich unter anderem *Amazon Music* sowie *Google Play Music* an. Das Preisgefüge ist dem des iTunes Stores vergleichbar. Alben und Titel kosten entweder genauso viel oder sind sogar etwas günstiger zu haben. Alben und Musikstücke liegen in den beiden erwähnten Music Stores im MP3-Format vor und können mit den dazugehörigen Apps auf dem iPhone abgespielt werden.

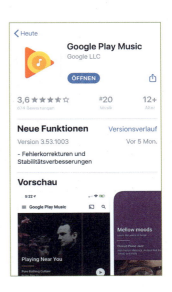

Sowohl die App für Google Play Music als auch Amazon Music sind kostenlos im App Store erhältlich. Möchten Sie diese nutzen, so müssen Sie sich nur mit Ihrem jeweiligen Benutzerkonto anmelden und können dann auf die dort bereits erworbenen Musiktitel oder Alben zugreifen und sie abspielen.

Auf Wunsch lassen sich anderweitig erworbene, nicht kopiergeschützte Titel im MP3-Format auch über die *Musik*-App abspielen, wenn Sie diese zuvor am Computer importieren und mit Ihrem iPhone oder iPad synchronisieren.

Filme aus dem iTunes Store

Möchten Sie mit Ihrem iPad oder iPhone einen Film anschauen, ist die erste Anlaufstelle wohl der iTunes Store. Hier finden Sie Filme aller Genres von aktuellen Blockbustern bis hin zu Klassikern. Vor allem die Verleihfunktion ist praktisch und kostengünstig. Neben Spielfilmen können Sie im iTunes Store auch Fernsehserien und Musikvideos erwerben.

Einen Film kaufen oder ausleihen

Wenn Sie einen Film oder eine Fernsehserie erwerben möchten, gehen Sie folgendermaßen vor:

1 Rufen Sie per Fingertipp den *iTunes Store* auf und tippen Sie unten am Display auf den Eintrag *Filme*.

2 Suchen Sie zunächst einen Film aus. Hierbei können Sie sich an den Genres links oben orientieren, unter anderem auch an der Kategorie *Neu und beachtenswert* oder Sie suchen einen Film gezielt über das Suchfeld rechts oben.

3 Um etwa einen Trailer des Films zu sehen, tippen Sie auf das *Cover*.

4 Wollen Sie den Film erwerben, tippen Sie auf das *Preisschild*. Falls möglich, können Sie ihn auch ausleihen. Die aktuellsten Filme werden erst als Kaufversion angeboten und können erst einige Wochen später ausgeliehen werden.

5 Anschließend wird der Film auf Ihr iPad oder iPhone heruntergeladen. Wie lange das dauert, hängt von der Geschwindigkeit Ihres Internetzugangs ab.

6 Den heruntergeladenen Film finden Sie dann in der *TV*-App über einen Fingertipp auf *Mediathek*. Dort können Sie ihn abspielen. Die entsprechenden Bedienelemente sind weitgehend selbsterklärend.

Wie lange kann ein ausgeliehener Film angesehen werden?

Einen geliehenen Film müssen Sie binnen 30 Tagen anschauen, ansonsten wird er automatisch gelöscht. Haben Sie bereits angefangen, ihn zu schauen – auch wenn es nur wenige Sekunden oder Minuten waren –, müssen Sie ihn innerhalb von 48 Stunden zu Ende sehen, danach wird er gelöscht.

→ **Keine Ausleihe möglich?**

Kann der von Ihnen gewählte Film nicht ausgeliehen werden, ist der Film vielleicht zu aktuell. Wenn ein Film zum ersten Mal im iTunes Store erhältlich ist, kann er zunächst zwar erworben, aber nicht ausgeliehen werden. Alternativ handelt es sich um einen Fernsehfilm oder eine TV-Serie: Diese lassen sich aus lizenzrechtlichen Gründen nur erwerben, nicht ausleihen.

Alternativen zum Filmangebot des iTunes Stores

Um Filme auf Ihrem iPad oder iPhone anzuschauen, sind Sie nicht zwangsläufig auf den iTunes Store angewiesen, auch wenn dies der bequemste Weg sein mag. Es gibt eine ganze Reihe anderer Anbieter, bei denen Sie mehr oder weniger aktuelle Filme ausleihen oder erwerben können. Ob *Sky*, *Netflix* oder *Amazon Prime Video*, die meisten Anbieter stellen ebenfalls eine App für iOS und iPadOS zur Verfügung, über die Sie deren Angebote nutzen können – auf Wunsch auch offline.

Einige Dienste können Sie direkt über die *TV*-App von iOS 13 oder iPadOS 13 nutzen – natürlich vorausgesetzt, es ist eine App verfügbar und Sie sind dort mit den jeweiligen Benutzerdaten angemeldet. Einen aktuellen Test der unterschiedlichen Video-on-Demand-Dienste finden Sie im Heft 12/2019 der Stiftung Warentest.

Apple TV+

Seit November 2019 ist Apple als ein weiterer Videostreaming- oder Video-on-Demand-Anbieter auch in Deutschland am Markt. Bislang sind unter Apple TV+ einige selbst produzierte Serien zu finden, die nach und nach durch weitere Serien und Filme ergänzt werden. Falls Sie im Herbst 2019 oder später einen neuen Mac, ein iPhone oder iPad erworben haben, dürfen Sie Apple TV+ ein Jahr kostenlos nutzen. Später müssen Sie dann im Monat 4,99 Euro zahlen. Auf dem iPhone und iPad greifen Sie über die *TV*-App auf das Angebot von Apple TV+ zu.

Apple Music

Mit Apple Music bietet Apple einen mittlerweile sehr erfolgreichen Streamingdienst für Musik und Musikvideos an. Das Abonnement kostet knapp 10 Euro im Monat für Einzelpersonen und knapp 15 Euro für Familien. Das Abonnement schließen Sie am einfachsten über die www.apple.com/de/music ab. Während der dreimonatigen Testphase fallen keinerlei Kosten an. Später ist es monatlich kündbar.

Auf dem iPhone oder iPad greifen Sie mit der *Musik*-App auf Apple Music zu. Sie können nahezu alle im iTunes Store erhältlichen Alben und Titel unbegrenzt online hören oder für unterwegs herunterladen und offline hören. Das Anfertigen einer Kopie ist natürlich nicht erlaubt und zudem nicht möglich. Überdies lassen sich die Musiktitel nicht auf CD brennen.

Überblick über Apple Music

Hier geben wir Ihnen einen Überblick über Apple Music (und die *Musik*-App):

1. **Mediathek:** In der Mediathek finden Sie die Musiktitel und Alben, die Sie *Zuletzt hinzugefügt* haben, ebenso wie *Geladene Musik* – gegliedert nach *Wiedergabelisten*, *Künstler*, *Alben* und *Titel*.

2. **Für dich:** Wollen Sie Apple Music so anpassen, dass Sie über Aktivitäten Ihrer Lieblingskünstler und die Neuerscheinungen Ihrer bevorzugten Musikgenres informiert werden, dann finden Sie die entsprechenden Befehle und Einstellungen hier. Tippen Sie dazu anschließend auf die *Initialen Ihres Benutzerkontos* rechts oben.

3. **Entdecken:** Hier bekommen Sie einen Überblick über die neuesten Alben und Titel unterschiedlicher Genres. Des Weiteren

erhalten Sie Zugriff auf die Playlists der Musikexperten (Kuratoren) von Apple.

4 **Radio:** Um Internetradio zu hören, tippen Sie auf diesen Eintrag. Neben diversen Radiosendern der verschiedenen Genres haben Sie hier auch Zugriff auf den Apple-Sender *Beats 1*.

5 **Suchen:** Suchen Sie an dieser Stelle nach Künstlern, Musiktiteln und so weiter in Ihrer Mediathek oder bei Apple Music.

Alternativen zu Apple Music

Auch wenn Apple Music am komfortabelsten ist und Sie über die *Musik*-App auf Apples Musikstreaming zugreifen können, so gibt es weitere, zum Teil schon länger am Markt etablierte Musikstreamingdienste, wie zum Beispiel *Spotify*, *Deezer* oder *Amazon Prime Music*.

Diese kosten in der Regel, je nach Leistungsumfang, 5–10 Euro im Monat. Amazon Prime Music mit einer leider etwas begrenzten Musikauswahl ist in der Amazon-Prime-Mitgliedschaft für knapp 70 Euro im Jahr enthalten.

Besitzen Sie diese ohnehin, lässt sich ohne Mehrkosten auf Amazon Prime Music zugreifen.

Info

Musikstreaming über den Mobilfunkprovider:

Ein kleiner Tipp am Rande. Manche Mobilfunkprovider haben ebenfalls Musikstreaming im Angebot oder sie bieten einen anderen Dienst optional an. Fragen Sie bei Ihrem Provider nach, ob es eine solche Möglichkeit gibt und was diese kostet. Oftmals ist die Gebühr etwas günstiger oder Sie erhalten mehr Gratismonate zum Testen. Lesen Sie hierzu einen Übersichtsartikel aus Finanztest 1/2018.

Die Podcasts-App

Neben Musik und Filmen bietet Apple auch Podcasts an. Bei Podcasts handelt es sich um kürzere oder längere Radio- oder TV-Sendungen, die kostenlos heruntergeladen und abonniert werden können. Fernseh- und Radiosender produzieren ebenso Podcasts wie Organisationen, Firmen, Parteien oder Privatleute. Das Angebot ist mittlerweile unüberschaubar, die Qualität oftmals unterschiedlich. Podcasts abonnieren und hören Sie am iPhone und iPad nicht über den iTunes Store oder die *Musik*-App, sondern mit der *Podcasts*-App. Sie finden diese in der Regel auf dem ersten oder zweiten Home-Bildschirm. Falls das nicht der Fall sein sollte, können Sie diese natürlich auch kostenlos im App Store herunterladen (siehe Seite 103).

Überblick über die Podcasts-App

❶ Jetzt hören: Hier finden Sie aktuelle Podcasts, die Sie abonniert haben, falls dies der Fall sein sollte.

❷ Mediathek: Über *Mediathek* greifen Sie auf alle Ihre heruntergeladenen oder abonnierten Podcasts zu.

❸ Entdecken: Neue Podcasts zum Abonnieren und Anhören finden Sie an dieser Stelle.

❹ Suchen: Möchten Sie nach einem Podcast suchen, geben Sie die Suchbegriffe ins Suchfeld ein.

Podcasts abonnieren und abspielen

1 Starten Sie die *Podcasts*-App. Tippen Sie zuerst auf *Entdecken* unten und dann zum Beispiel auf *Highlights* oder *Neu und beachtenswert*.

2 Wählen Sie einen Podcast, der Sie interessiert – gegebenenfalls auch über eine bestimmte Kategorie.

3 Tippen Sie auf das *Cover* und anschließend auf den Schalter *Abonnieren*. Alternativ können Sie auch nur eine einzelne Folge anhören, indem Sie gezielt auf diese tippen.

4 Zum Herunterladen tippen Sie auf das kleine *Plus*- und anschließend auf das *Wolken*-Symbol, damit Sie den Podcast auch offline anhören können.

5 Ihre abonnierten und unter Umständen auch heruntergeladenen Podcasts finden Sie über *Mediathek*.

Podcasts entfernen und löschen

1 Um einen Podcast abzubestellen, wählen Sie diesen über *Mediathek* und die gewünschte Wiedergabeliste aus, wie zum Beispiel *Sendungen*.

2 Dort tippen Sie auf die *drei kleinen Punkte* rechts und wählen den Eintrag *Abo beenden*.

3 Falls Sie die bereits heruntergeladenen Folgen löschen möchten, tippen Sie auf *Aus Mediathek löschen*.

4 Einen Podcast oder auch einzelne Folgen können Sie auch löschen, wenn Sie auf diesem von rechts nach links wischen und dann auf *Löschen* tippen.

Podcast-Abonnement einrichten

Ihr Podcast-Abonnement können Sie auch im Einzelnen konfigurieren. Sie bestimmen zum Beispiel, was mit neuen oder den bereits gehörten Folgen jeweils geschieht.

So gehen Sie dafür vor:

1 Wählen Sie unter *Mediathek* und *Sendungen* den gewünschten Podcast aus und tippen Sie darauf.

2 Tippen Sie auf die *drei kleinen Punkte* rechts und wählen den Eintrag *Einstellungen* (*Zahnradsymbol*).

Dort finden Sie unter anderem die folgenden Optionen:

1. **Teilen:** Empfehlen Sie jemandem den Podcast.
2. **Abonnieren:** Deaktivieren Sie hier das Abonnement gegebenenfalls.
3. **Einstellungen:** Über *Eigene Einstellungen* bestimmen Sie im Einzelnen, welche Folgen geladen und wieder gelöscht werden. Zudem geben Sie an, wie oft der Podcast aktualisiert werden soll – von einmal pro Stunde bis zu einmal in der Woche oder auch ganz manuell.
4. **Aus Mediathek löschen:** Entfernen Sie den Podcast aus Ihrer Podcast-Mediathek.

Musik- und Videostreaming über AirPlay

Während AirPrint für den Druck von Dokumenten sowie Fotos zuständig ist, dient AirPlay dazu, Medien unterschiedlichster Art an kompatible Geräte wie Stereoanlagen, Lautsprecher wie den HomePod oder an Apple TV zu streamen, um sie dort in noch besserer Qualität genießen zu können. Aber das ist bei Weitem noch nicht alles.

Mittels AirPlay und einem an das TV-Gerät angeschlossenes Apple TV lässt sich auch der gesamte Bildschirminhalt Ihres iPad oder iPhone auf einem herkömmlichen TV-Gerät spiegeln. Dies ist nicht nur bei Präsentationen vor größerem Publikum praktisch, sondern auch, wenn Sie beispielsweise Spiele lieber auf einem größeren Bildschirm spielen möchten.

→ Was bringt AirPlay 2?

AirPlay 2 ermöglicht es, Musik auf mehrere Geräte, wie AirPlay-2-kompatible Lautsprecher in unterschiedlichen Räumen, zu streamen (Multiroom-Steuerung) und für jedes Empfangsgerät die Lautstärke separat festzulegen. Zudem wurde die Übertragung optimiert, sodass das Musikstreaming zuverlässiger funktioniert und nicht mehr so oft abbricht.

Falls Sie AirPlay 2 nutzen wollen, achten Sie beim Kauf von Lautsprechern darauf, dass diese AirPlay-2-kompatibel sind.

Was benötige ich für AirPlay?

Je nach zu streamender Medienart benötigen Sie unterschiedliche Geräte. Für Musik, Podcasts oder Hörbücher sind, neben Ihrem iPhone oder iPad mit dem aktuellen iOS und iPadOS, ein AirPlay-kompatibles Empfangsgerät, der Apple HomePod oder andere AirPlay-, beziehungsweise AirPlay-2-kompatible Lautsprecher, Soundsysteme oder Stereoanlagen erforderlich, an die Sie Ihre Musik direkt streamen können.

Wollen Sie hingegen Videos oder Apps streamen, dann ist als Empfangsgerät Apple TV (ab der 2. Generation) erforderlich, welches Sie über ein HDMI-Kabel an das TV-Gerät anschließen. Bitte beachten Sie: Alle Geräte müssen sich im gleichen WLAN-Netzwerk befinden und selbstverständlich eingeschaltet sein! Zum Streamen der Medien gehen Sie dann auf die unten beschriebene Weise vor.

→ Was ist Apple TV?

Schließen Sie diese kleine Box über die HDMI-Schnittstelle an Ihren Fernseher an, können Sie sowohl die im iTunes Store befindlichen Medien als auch Ihre eigenen – von iCloud, vom PC im Heimnetzwerk oder eben vom iPhone und iPad – auf Ihrem TV schauen. Apple TV sollte nicht mit Apple TV+ verwechselt werden, Apples kostenpflichtigem Videostreamingdienst.

Die Bücher-App

Auch als Freund der Literatur, genauer der gesprochenen Literatur, kommen Sie mit dem iPhone und iPad auf Ihre Kosten. Einerlei, ob Sie auf den Zug oder die S-Bahn warten oder eine längere Reise unternehmen. Bei allen Aktivitäten, bei denen Sie ein Ohr „frei" haben, können Sie sich die neuesten Bestseller und Hörspiele zu Gemüte führen. Passenden „Hörstoff" finden Sie nicht nur über *Apple Bücher*, sondern auch im Buchhandel oder online.

Hörbücher über Apple Bücher

Die erste Anlaufstelle für Hörbücher ist die *Bücher*-App. Starten Sie die App und tippen Sie unten auf Hörbücher. Im Folgenden geben wir Ihnen einen Überblick:

▶ **Hörbücher:** Hier öffnen Sie die Startseite und gelangen schnell zu allen Kategorien und Genres.

▶ **Neu und angesagt:** In dieser Kategorie befinden sich besonders aktuelle Bücher und Neuerscheinungen.

▶ **Charts:** Die Hörbuchcharts des Book Stores sind hier zu finden.

▶ **Unsere Favoriten:** In dieser Kategorie sind die gegenwärtigen Favoriten hinterlegt.

▶ **Mehr entdecken:** Hier erhalten Sie Zugang zu weiteren Hörbüchern unterschiedlicher und wechselnder Kategorien.

▶ **Suchen:** Suchen Sie gezielt nach bestimmten Hörbüchern.

Hörbuch abspielen

1 Starten Sie die *Bücher*-App mit einem Fingertipp.

2 Tippen Sie unten auf *Bibliothek > Sammlungen > Hörbücher*.

3 Wählen das Hörbuch aus und starten Sie es mit einem Fingertipp. Es wird umgehend abgespielt und, falls erforderlich, erst heruntergeladen.

4 Die entsprechenden Funktionen zum Abspielen Ihres Hörbuchs finden Sie auch im *Kontrollzentrum* von iOS 13 oder iPadOS 13.

Optionen während des Abspielens

1. **Kapitel** aufrufen
2. **Pausieren** und Abspielen
3. **15 Sekunden** vor- oder zurückscrollen
4. **Lautstärke** einstellen
5. **Schlafmodus** aktivieren
6. **Geschwindigkeit** verändern

→ **Wo gibt es weitere Hörbücher?**

Neue Hörbücher gibt es nicht nur bei Apple. Sie können etwa im Handel Hörbuch-CDs erwerben und diese in iTunes importieren, um sie anschließend mit dem iPhone und iPad abzugleichen (siehe Seite 143). Onlineanbieter wie Audible oder Book-Beat versammeln viele Hörbücher – Podcasts und Redebeiträge gibt es aber auch kostenlos in den Mediatheken der öffentlich-rechtlichen Sender.

E-Books kaufen und lesen

Auf dem iPad ebenso wie dem iPhone und ihren hervorragenden Displays machen auch E-Books eine gute Figur. Mit der *Bücher*-App von iOS 13 sowie iPadOS 13 wird das Lesen zum Vergnügen, da Sie hier Ihre Bücher auch mit Lesezeichen, Markierungen und Notizen versehen und unbekannte Begriffe im Lexikon und online nachschlagen können.

Lesestoff findet sich zuhauf. Die erste Anlaufstelle ist der *Book-Store*, den Apple zusätzlich zum iTunes Store betreibt. Hier finden

Sie neben kostenpflichtigen Bestsellern auch viele gratis E-Books – oftmals Klassiker – sowie Handbücher zu Apple-Produkten.

E-Books aus weiteren Quellen

Mit der *Bücher*-App von iOS 13 und iPadOS 13 lassen sich auch E-Books im PDF- sowie EPUB-Format, wie beispielsweise Handbücher, Zeitschriften und Kataloge, verwalten und lesen – sofern diese nicht kopiergeschützt sind.

1 Um sie beispielsweise aus Safari in *Apple Bücher* zu übernehmen, rufen Sie die entsprechende Datei auf.

2 Wählen Sie anschließend das *Teilen*-Feld rechts oben.

3 Dort suchen Sie das Symbol *In Bücher importieren* und tippen darauf.

Alternativ lassen sich E-Books auch im nicht kopiergeschützten PDF- oder EPUB-Format mittels iTunes oder dem Finder (ab macOS Mojave) auf das iPad kopieren. Wie das geht, erfahren Sie im Abschnitt „Apps und Medien auf iPhone und iPad kopieren", Seite 170.

E-Books erwerben

1 Wollen Sie ein Buch über *Apple Bücher* erwerben, tippen Sie nach dem Start der App unten am Display auf *Book Store*. Orientieren Sie sich beispielsweise an den Kategorien *Für dich*, *Neu und angesagt* oder *Charts*.

2 Zudem können Sie links oben über *Bereiche durchstöbern* sowie die unterschiedlichen Kategorien und Genres nach dem gewünschten Buch suchen. Auch das Suchfeld rechts unten kann hier von Nutzen sein.

3 Um ein Buch zu kaufen, tippen Sie auf das *Cover* und dann das *Preisschild*. Alternativ haben Sie die Möglichkeit, sich über den Schalter *Auszug* eine Leseprobe zu besorgen.

4 Um das Buch in Ihre persönliche Leseliste zu übernehmen, tippen Sie zusätzlich auf *Leseliste*.

Aktuelle oder gelesene Bücher anzeigen

Auf der Startseite der *Bücher*-App werden Sie darüber informiert, welches Buch Sie gerade lesen oder zuletzt geöffnet haben:

1 Starten Sie die *Bücher*-App und tippen Sie unten auf *Jetzt lesen*.

2 Unter *Aktuell* finden Sie das Buch, welches Sie gerade lesen oder anschauen.

3 Unter *Zuletzt geöffnet* werden alle neulich von Ihnen zumindest angeschauten E-Books geführt.

4 In die *Leseliste* können Sie schließlich alle Bücher aufnehmen, die Sie in Zukunft lesen wollen.

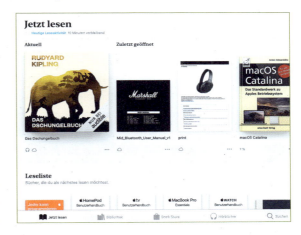

5 Um Bücher zur *Leseliste* hinzuzufügen, tippen Sie, nachdem Sie das Buch über das Cover aufgerufen haben, am Cover auf den Befehl *Leseliste*.

E-Books lesen

1 Starten Sie die *Bücher*-App und tippen Sie unten am Display auf *Bibliothek*, um Ihre gesamte Büchersammlung anzuzeigen.

2 Links oben können Sie über *Sammlungen* auf die unterschiedlichen Sammlungen Ihrer persönlichen Bibliothek zugreifen, wie zum Beispiel *Bücher* oder *PDFs*.

3 Öffnen Sie das gewünschte Buch über einen Fingertipp.

4 Links oben gelangen Sie über den *Linkspfeil* wieder zu Ihrer gesamten *Bibliothek*.

5 Über die *drei kleinen Striche* geht es zum *Inhaltsverzeichnis*.

6 Sie blättern im Buch, indem Sie mit einem Finger von rechts nach links oder von links nach rechts wischen.

7 Rechts oben finden Sie die Symbole, um die *Schrift* und die *Hintergrundfarbe* einzustellen. Ganz rechts befinden sich schließlich die Symbole für die *Suche* im Buch sowie *Lesezeichen*.

E-Books markieren und beschriften

Sehr praktisch ist es, Textstellen in E-Books zu markieren oder Notizen hinzuzufügen.

1 Tippen Sie dazu doppelt auf die Textstelle oder den Begriff.

2 Es erscheint ein Menü mit den erforderlichen Befehlen zum *Nachschlagen*, *Markieren* oder *Notieren*.

▶ **Nachschlagen:** Hier schlagen Sie den ausgewählten Begriff im Lexikon nach. Über *Websuche* können Sie zudem eine Recherche im World Wide Web durchführen.

▶ **Markieren:** Markieren Sie hier die Textstelle in der gewünschten Farbe. Zum Löschen der Markierung tippen Sie auf das *Papierkorb*-Symbol.

▶ **Notiz:** Verfassen Sie in dem *kleinen gelben Fenster* kurze Textnotizen. Sie finden diese später über das Inhaltsverzeichnis und das Register *Notizen*.

▶ **Suchen:** Mit einem Fingertipp auf *Suchen* starten Sie eine Suche nach dem markierten Begriff im gesamten Buch.

Beachten Sie, dass eine Beschriftung nicht bei allen E-Books möglich ist. E-Books im PDF-Format lassen sich mit der *Bücher*-App beispielsweise nicht bearbeiten.

Stattdessen können Sie aber die für PDF-Dokumente und andere Abbildungen zuständigen Zeichenwerkzeuge verwenden (*Bleistift*-Symbol).

Mehr lesen durch „Leseziele"

Haben Sie den Eindruck, dass Sie eigentlich viel mehr lesen möchten, aber einfach nicht dazu kommen? Dann lassen Sie sich doch von der *Bücher*-App motivieren, indem Sie ein tägliches Leseziel definieren.

1 Starten Sie die *Bücher*-App und tippen Sie unten am Display auf *Jetzt lesen* sowie oben auf den Eintrag *Heutige Leseaktivität* – sofern vorhanden. Anderenfalls blättern Sie nach ganz unten bis zu *Leseziele*.

2 Um ein Leseziel zu definieren, tippen Sie auf *Ziel anpassen*. Dort geben Sie an, wie lange Sie pro Tag planen zu lesen.

3 Wie oft und wie lange Sie lesen, wird nun mitprotokolliert, sodass Sie Ihre Leseaktivität verfolgen können.

Bücher synchronisieren

Ihre in der *Bücher*-App vorhandenen E-Books – auch die im PDF-Format – werden mit Ihren anderen Geräten, ob Mac, iPhone oder iPad, abgeglichen. Dies gilt nicht nur für die Bücher an sich, sondern auch für Leseziele, Ihren Lesefortschritt sowie Lesezeichen, Markierungen und Notizen.

Ist dies bei Ihnen nicht der Fall, so prüfen Sie folgende Einstellungen:

▶ **Unter macOS** schauen Sie in den *Einstellungen* der *Bücher*-App nach der Option *Sync*.

▶ **Bei iOS 13 und iPadOS 13** öffnen Sie die *Einstellungen* und suchen den Eintrag *Bücher*. Hier aktivieren Sie unter *Synchronisieren* die Optionen *Jetzt lesen* und *iCloud Drive* sowie die Einstellung *Leseziele* und gegebenenfalls *PDFs einschließen*.

Fotos und Videos

Die von Apple verbauten Kameras haben Kompaktkameras längst den Rang abgelaufen. Zunehmend machen iPhone und Co. sogar Spiegelreflex- und Systemkameras Konkurrenz. Das liegt nicht zuletzt an der immer besser werdenden Kamera-App und den vielen Funktionen, die die Software bereithält.

Mit dem iPhone fotografieren

Ihr iPhone haben Sie immer dabei – und schon allein aus diesem Grund ist es dazu prädestiniert, alltägliche und weniger alltägliche Momente gekonnt einzufangen. Vor allem die Kameras des aktuellen iPhone 11 und iPhone 11 Pro wurden erheblich aufgewertet und bieten Ihnen dabei noch mehr Möglichkeiten als bislang. Selbstverständlich lassen sich auch mit den Vorgängermodellen gute Fotos schießen. Bei weniger Licht liefern die Kameras des aktuellen iPhone aber eindeutig bessere Resultate.

→ **Mit dem iPad fotografieren**

Selbstverständlich können Sie auch mit Ihrem iPad Fotos machen. Die Kameras der verschiedenen iPad-Modelle sind jedoch – in der Regel – nicht ganz so leistungsfähig und modern wie ihre Pendants im iPhone. Zudem lässt sich mit einem Tablet aufgrund seines Formfaktors auch nicht gerade komfortabel fotografieren.

Foto oder Video aufnehmen

1 Starten Sie die *Kamera*-App auf dem Home-Bildschirm oder rufen Sie diese auf dem Sperrbildschirm über das *kleine Symbol* unten rechts auf.

2 Um ein Foto zu schießen oder ein Video aufzunehmen, stellen Sie mit einem Fingertipp auf das Motiv scharf und betätigen den

Auslöser. Das Foto oder das Video wird aufgenommen und Sie finden es – geordnet nach Aufnahmeort und Datum – in Ihrem Fotoalbum.

Optionen beim Fotografieren oder Filmen

❶ Live Photos: Tippen Sie auf dieses Symbol, werden animierte Live-Fotos aufgenommen.

❷ Weitere Funktionen: Über einen Fingertipp auf diesen Pfeil greifen Sie auf weitere Funktionen der *Kamera*-App zu.

❸ Nachtmodus: Ist das Licht zu schwach, wechselt die Kamera in den Nachtmodus. Dieser sorgt auch in der Dämmerung oder bei schlechtem Licht für gute Aufnahmen.

❹ Blitz: Per Fingertipp schalten Sie diesen ein.

❺ Fotos: Betrachten Sie hier das eben aufgenommene sowie Ihre zuvor aufgenommenen Fotos.

❻ Auslöser: Tippen Sie auf den *Auslöser*, ist das Foto oder auch das Video „im Kasten".

❼ Kamera wechseln: Wechseln Sie per Fingertipp auf die Frontkamera für Selfies und FaceTime.

❽ Zeitraffer: Erstellen hier Sie Zeitraffervideos per Fingertipp.

❾ Slo-Mo: Für Zeitlupenvideos tippen Sie auf dieses Symbol.

❿ Video: Schalten Sie um in den Videomodus.

⓫ Foto: Der Fotomodus für normale Fotos mit dem iPhone. Dies ist die Grundeinstellung, wenn Sie die *Foto*-App öffnen.

⓬ Porträt: Nehmen Sie freigestellte Porträts mit individueller Beleuchtung auf.

⓭ Pano: Fotografieren Sie ein Panorama entsprechend den Anweisungen der App.

⑭ **Brennweite:** Je nach iPhone wählen Sie hier die Brennweite aus, vom Superweitwinkel (0,5) über Weitwinkel (1,0) bis zum Zoom (2,0). Den optischen Zoom besitzen aber nur das iPhone 11 Pro und entsprechende Vorgängermodelle.

Weitere Funktionen der Kamera-App

Mit einem Fingertipp auf den *Linkspfeil* blenden Sie die weiteren Funktionen der *Kamera*-App ein:

❶ **Filter:** Mit den Filtern verleihen Sie Ihren Fotos ein individuelles Aussehen.

❷ **Selbstauslöser:** Um das Verwackeln zu vermeiden oder selbst mit auf das Bild zu kommen, verwenden Sie den Zeitauslöser.

❸ **Seitenverhältnis:** Hier legen Sie das Seitenverhältnis Ihrer Fotos fest: 4:3, 16:9 oder Quadrat.

❹ **Live Photo:** Tippen Sie auf dieses Symbol, werden animierte Live-Fotos aufgenommen.

❺ **Nachtmodus:** Ist das Licht zu schwach, wechselt die Kamera in den Nachtmodus. Dieser sorgt auch in der Dämmerung oder bei schlechtem Licht für gute Aufnahmen.

❻ **Blitz:** Per Fingertipp schalten Sie diesen ein.

Zoomen

Das iPhone 11 Pro und gleichwertige Vorgängermodelle verfügen über einen optischen 2-fach-Zoom.

1 Starten Sie die *Kamera*-App auf dem Home-Bildschirm oder rufen Sie diese auf dem Sperrbildschirm über das *kleine Symbol* unten rechts auf.

2 Stellen Sie auf das Motiv scharf und tippen Sie dann auf die Zahl 2, die oberhalb des Auslösers auftaucht.

3 Um einen Wert zwischen Weitwinkel (1-fach) und dem 2-fach-Zoom zu wählen, bewegen Sie die Zoom-Skala entsprechend.

4 Bei allen Werten höher als 2-fach wird die elektronische Zoom-Funktion genutzt, die mit einer Verschlechterung der Bildqualität einhergeht, da das Foto nur herausvergrößert wird.

5 Um das Foto zu schießen, stellen Sie mit einem Fingertipp auf das Motiv scharf und betätigen den *Auslöser*. Das Foto oder auch das Video wird aufgenommen.

Panoramen aufnehmen

Eine sehr interessante Funktion der *Kamera*-App ist die, ein Panorama zu erstellen. Dabei wird durch einen Schwenk nicht nur ein Foto, sondern eine sehr breite Aufnahme erstellt.

Allerdings ist es dabei erforderlich, das iPhone (oder auch iPad) sehr ruhig zu halten und gleichmäßig zu bewegen, um das Foto nicht zu verwackeln und eine gleichmäßige Ebene zu erhalten. Dies bedarf etwas Übung.

Im Folgenden zeigen wir Ihnen, wie Sie dabei vorgehen.

1 Starten Sie die *Kamera*-App auf dem Home-Bildschirm oder rufen Sie diese auf dem Sperrbildschirm über das *kleine Symbol* unten rechts auf.

2 Wählen Sie die Funktion *Pano*. Stellen Sie bei Bedarf die Brennweite / Zoom ein. Ein weißer Pfeil auf einer Linie erscheint in der Mitte des Displays.

3 Tippen Sie auf den *Auslöser* und bewegen Sie das iPhone nach rechts, indem der *weiße Pfeil* auf der Linie bleibt. Unter Umständen müssen Sie es etwas nach vorne oder hinten neigen. Dies bedarf etwas Übung.

4 Das iPhone oder iPad sollte dabei gleichmäßig und weder zu schnell noch zu langsam bewegt werden – ansonsten erhalten Sie eine entsprechende Warnung.

5 Um das Panorama zu beenden, tippen Sie erneut auf den *Auslöser*. Die Aufnahme wird in der *Fotos*-App gespeichert und Sie können diese dort betrachten.

Professionell wirkende Porträts erstellen

Mit der Kamera Ihres iPhone – oder iPad Pro ab der 3. Generation –
können Sie stimmungsvolle und professionell wirkende Porträts
aufnehmen.

Wählen Sie dazu in der *Kamera*-App statt *Foto* die Funktion *Porträt*
und dann die Art der Beleuchtung – von *Natürliches Licht* bis
Innenlicht Mono. In letzterem Fall wird die porträtierte Person oder
auch der Gegenstand vom Hintergrund etwas freigestellt – das bedeutet, der Hintergrund wirkt etwas verschwommener – und das
Motiv wird entsprechend beleuchtet.

Auch hierbei folgen Sie den Hinweisen der *Kamera*-App, um den
passenden Abstand zu finden und das Motiv entsprechend einzufangen.

Live Photos

Eine sehr beliebte Kamerafunktion des iPhone und des iPad ist *Live
Photo* – auf Deutsch „Lebendiges Foto". Hierbei handelt es sich um
Fotos mit einer kurzen eingebetteten Videosequenz.

Schauen Sie sich diese auf dem iPhone, dem iPad oder dem Mac
mit der aktuellen *Fotos*-App an, kann dieses per Fingertipp oder
Mausklick quasi zum „Leben" erweckt werden. Das neue Format
wird – bislang – erst ab iOS 9 und Mac OS X Yosemite sowie den entsprechenden Anwendungen unterstützt. Um ein Live Foto zu erstellen, gehen Sie folgendermaßen vor:

1 Starten Sie zunächst wie gewohnt die *Kamera*-App und wählen
Foto aus.

2 Auf der gegenüberliegenden Seite des Auslösers sehen Sie ein
Symbol aus *drei ineinander liegenden Kreisen*. Tippen Sie auf die-
ses, wird der Live-Photo-Modus eingeschaltet. Hierbei wird das
Symbol gelb eingefärbt.

3 Nehmen Sie Ihr Foto wie gewohnt auf. Es wird in der *Fotos*-App
gespeichert.

4 Rufen Sie die *Fotos*-App auf und schauen Sie sich die eben erstellen Fotos an. Bereits wenn Sie durch diese mit der Wischgeste blättern, erwachen Ihre Live-Fotos zum Leben.

5 Um das Live-Foto anzuschauen, tippen Sie so fest und so lange auf das Display, bis es animiert wird. Bitte beachten Sie: Live-Fotos funktionieren erst ab dem iPhone 6s und dem iPad Pro.

6 Auf dem Mac können Sie Ihre Live-Fotos mit der *Fotos*-App ansehen. Bei den entsprechenden Fotos erscheint links unten am Foto *Live*. Zum Abspielen klicken Sie auf die Bezeichnung.

HDR-Funktion nutzen

Die HDR-Funktion (High Dynamic Range) der *Kamera*-App dient dazu, bei schwierigen Lichtverhältnissen und großen Helligkeits-

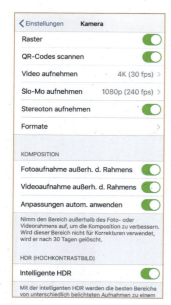

unterschieden dennoch ein ausgewogenes und detailreiches Foto erstellen zu können. Hierbei schießt das iPhone oder iPad mehrere Bilder mit unterschiedlicher Belichtung hintereinander und kombiniert diese zu einem Bild.

Je nach Wunsch haben Sie die Möglichkeit, den HDR-Modus gezielt zu aktivieren oder die „intelligente" HDR-Funktion zu verwenden. Ist über *Einstellungen* sowie den Eintrag *Kamera* die *Intelligente HDR* aktiviert, dann nutzt die *Kamera*-App den HDR-Modus bei entsprechenden Lichtverhältnissen automatisch. Ist diese abgeschaltet, tippen Sie selbst vor der Aufnahme auf *HDR*.

Die Kamera macht neben der HDR-Aufnahme auch eine mit „normaler" Belichtung. Beim Betrachten auf dem iPhone, iPad oder Mac wird bei den HDR-Aufnahmen Fotos die Bezeichnung „HDR" eingeblendet.

Foto noch schneller schießen mit 3D-Touch

Besitzen Sie ein iPhone 6s oder höher, können Sie auch über 3D-Touch, beziehungsweise seit dem iPhone 11 über Haptic Touch, Fotos noch schneller erstellen. Tippen Sie dazu fest auf das *Symbol der Kamera*-App und wählen Sie dann im Kontext-Menü die Funktion *Foto aufnehmen* oder eine der anderen aus.

QR-Code scannen

Halten Sie die Kamera Ihres iPhone oder iPad vor einen QR-Code, wird dieser von der Kamera erkannt und automatisch die entsprechende Webseite aufgerufen. Die *QR-Scanfunktion* können Sie auch ins *Kontrollzentrum* aufnehmen. Öffnen Sie dazu die *Einstellungen* und tippen Sie dort auf *Kontrollzentrum*. Anschließend tippen Sie auf *Steuerelemente anpassen* und fügen diesem die Funktion QR-Code-Leser hinzu.

→ **Spiegelreflex- und Systemkamera fernsteuern**

Mit Ihrem iPhone und iPad können Sie unter Umständen auch eine herkömmliche Spiegelreflex- oder Systemkamera fernsteuern und die Fotos von der Kamera auf das iPhone oder iPad übertragen. Damit das geht, müssen aber einige Voraussetzungen erfüllt sein.

Ihre Kamera muss WLAN-fähig sein und der Hersteller stellt eine kompatible App zur Verfügung, die in der Regel kostenlos aus dem App Store heruntergeladen werden kann. Die Vorgehensweise bei der Steuerung der Kamera unterscheidet sich von Hersteller zu Hersteller, ebenso wie die enthaltenen Funktionen. In der Regel lassen sich die Fotos von der Kamera auf das iPhone oder iPad kopieren sowie die wichtigsten Aufnahmeparameter einstellen, um per Fernbedienung Fotos zu machen. Befindet sich die Kamera auf einem Stativ, benötigen Sie übrigens auch keinen Fernauslöser. Dies erledigen das iPhone oder iPad mit der entsprechenden App für Sie.

Fotos ansehen und bearbeiten

Jeder Fotograf sollte seine Fotos nach dem Import sofort sichten und unscharfe oder misslungene gleich löschen. Auf dem iPhone und iPad mit dem in der Regel begrenzten Speicherplatz ist es ohnehin nicht ratsam, alle Fotos zu behalten. Noch besser ist es, wenn Sie unter Ihren verbliebenden Fotos die besten als Favoriten markieren.

1 Starten Sie die *Fotos*-App, tippen Sie unten auf *Fotos* und wählen Sie aus, ob die Fotos nach *Jahren*, *Monaten*, *Tagen* oder *Alle Fotos* gelistet werden.

2 Blättern Sie nach unten, um die zuletzt aufgenommenen oder auch importierten Fotos anzuschauen. Zum Betrachten wählen Sie das letzte per Fingertipp aus.

3 Nun wischen Sie von links nach rechts, um jeweils das vorherige Foto anzuschauen.

4 Um die Qualität und Schärfe des Fotos besser beurteilen zu können, vergrößern Sie es mit einem Fingertipp oder über die Multi-Touch-Geste „Spreizen".

5 Möchten Sie das Foto löschen, tippen Sie rechts oben auf das *Papierkorb*-Symbol. Gefällt es Ihnen, tippen Sie stattdessen auf das *Herz*-Symbol.

6 Um mehrere Fotos auszuwählen, beispielsweise zum Löschen, tippen Sie zunächst links oben auf den *Links*-Pfeil und dann rechts oben auf *Auswählen*.

7 Tippen Sie dann auf die zu löschenden Fotos und anschließend auf das *Papierkorb*-Symbol.

Fotos bearbeiten

Die *Fotos*-App kann auch zum Bearbeiten Ihrer Fotos verwendet werden. Allerdings besitzt sie nur die wichtigsten Funktionen der Bildbearbeitung, die wir Ihnen im Folgenden vorstellen.

Haben Sie höhere Ansprüche, ist es empfehlenswert, eine leistungsfähigere App zur Bildbearbeitung zu erwerben und zu nutzen. Beispiele entsprechender empfehlenswerter Apps finden Sie im Abschnitt „Weitere Apps zur Bildbearbeitung" ab Seite 155.

1 Wählen Sie mit einem Fingertipp das Foto aus, das Sie bearbeiten möchten und tippen, Sie anschließend rechts oben auf *Bearbeiten*.

2 Die *Fotos*-App wechselt in den Bearbeitungsmodus, und links sowie rechts erscheinen die entsprechenden Symbole.

Der Bearbeitungsmodus im Detail

❶ Anpassungen: Passen Sie hier Belichtung, Kontrast und Farbe im Einzelnen an.

❷ Fotofilter: Mit den Fotofiltern können Sie Ihre Fotos einfärben oder in Schwarz-Weiß (S/W) umwandeln.

❸ Drehen & Beschneiden: Hier drehen und beschneiden Sie das Foto.

❹ Weitere Funktionen: Hier können Sie das Foto mit Bordmitteln markieren und beschriften oder es an eine auf Ihrem iPad installierte kompatible App weitergeben.

❺ Automatisch verbessern: Belichtung, der Kontrast und andere Eigenschaften werden per Fingertipp automatisch angepasst.

❻ Belichtung bis Vignette: Hier finden Sie die unterschiedlichen Funktionen, um das Foto im Detail zu bearbeiten, wie Belichtung, Schärfe und Farbgebung.

Foto zuschneiden

1 Nachdem Sie das Foto ausgewählt haben, tippen Sie auf *Bearbeiten* und auf das Symbol für *Drehen & Beschneiden* (rechts).

2 Zum Beschneiden ziehen Sie *den weißen Rahmen* über den gewünschten Bildausschnitt und vergrößern oder verkleinern ihn, indem Sie mit dem Finger die Ecken entsprechend bewegen.

3 Alternativ können Sie über das *weiße mehrteilige Rechteck* rechts oben ein Standardformat auswählen, wie *4:3* oder *16:9*.

4 Zum Spiegeln nutzen Sie das *Doppelpfeil*-Symbol oben links.

5 Über die Symbole unten können Sie eine unter Umständen verzerrte Perspektive wie stürzende Linien anpassen.

6 Haben Sie Ihre Auswahl getroffen, tippen Sie auf das *gelbe Häkchen*, ansonsten auf das *blaue Kreuz*, um alles zu widerrufen.

Foto drehen

1 Wählen Sie zunächst das Foto aus, dann tippen Sie auf die Symbole *Bearbeiten*, *Drehen & Beschneiden*.

2 Möchten Sie das Foto in 90°-Schritten gegen den Uhrzeigersinn drehen, dann tippen Sie auf das *kleine weiße Quadrat* links oben, zum Auswählen des Formats auf das *weiße Rechteck*.

3 Um beispielsweise einen schrägen Horizont geradezurücken, nutzen Sie das *Erdkugel*-Symbol rechts am Foto.

4 Tippen Sie auf das *Erdkugel*-Symbol und bewegen Sie die Skala nach oben oder unten. Zum Ausrichten des Horizonts orientieren Sie sich an den Hilfslinien.

5 Ist das Foto korrekt ausgerichtet, tippen Sie auf das *kleine Häkchen*. Falls Sie die Änderung zurücknehmen möchten, tippen Sie hingegen auf das *kleine Kreuz*.

Detaillierte Anpassungen vornehmen

1 Wählen Sie das Foto aus und tippen Sie auf das Symbol *Anpassungen*. Nun erscheinen weitere Symbole, wie zum Beispiel für *Belichtung*, *Farbton* und *Sättigung*.

2 Tippen Sie auf das Symbol, über das Sie Anpassungen vornehmen möchten. Nun verschieben Sie die rechte Skala in gewünschter Richtung. Die Auswirkungen können Sie in Echtzeit verfolgen.

3 Sind Sie mit den Anpassungen zufrieden, tippen Sie auf das *gelbe Häkchen* rechts oben oder auf das *Kreuz* links oben, um die Anpassungen rückgängig zu machen.

→ ## Automatische Fotoshows „Für dich"

Die **Fotos**-App stellt automatisch Fotoshows zu bestimmten Ereignissen weitgehend ohne Ihr Zutun zusammen. Sie orientiert sich dabei an Ort, Datum, Personen sowie weiteren Informationen, die vermuten lassen, diese Fotos könnten Ihnen besonders wichtig sein. Auch wenn die „intelligente" App damit nicht immer richtig liegt, so sind die Fotoshows doch sehenswert.

Weitere Apps zur Bildbearbeitung

Falls Ihnen die Bildbearbeitungsfunktionen der *Fotos*-App von iOS sowie iPadOS nicht ausreichen, finden Sie im App Store eine Vielzahl der unterschiedlichsten Anwendungen, welche in dieser Hinsicht mehr zu bieten haben.

► **Photoshop Express:** Das kostenlos erhältliche Photoshop Express besitzt beispielsweise auch einfache Funktionen zur Retusche, Filter sowie Funktionen, um die Fotos mit Rahmen und Vignetten zu verschönern. Es ist zwar nicht notwendig, aber ratsam, ein Adobe-Benutzerkonto anzulegen, damit Sie über die Adobe Creative Cloud die Fotos am Mac mit anderen Adobe-Anwendungen weiterbearbeiten können.

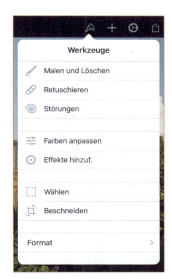

► **Adobe Lightroom und Photoshop:** Falls Sie bereits Kunde bei Adobe sind und ein kostenpflichtiges Abo der Adobe Creative Cloud besitzen – mit dem dazugehörigen Adobe Lightroom CC und Photoshop CC –, dann können Sie Adobe Lightroom sowie die ganz neue *Photoshop*-App für das iPad ebenfalls nutzen. Vor allem die *Photoshop*-App besitzt allerdings erst einen Bruchteil der von Mac oder Windows-PC bekannten Anwendungen. Nach und nach sollen weitere Funktionen hinzukommen.

▶ **Pixelmator:** Ein hervorragendes und nicht allzu teures Bildbearbeitungsprogramm für das iPad und iPhone ist auch Pixelmator. Diese App ist das Pendant von Pixelmator für macOS und besitzt eine ebenfalls große, wenn auch etwas abgespeckte Funktionsvielfalt. Die Bedienung ist vor allem auf das iPad mit Multi-Touch-Bedienung und Stifteingabe zugeschnitten.

Fotos teilen, versenden und drucken

Falls Sie die mit Ihrem iPhone fotografierten oder auf Ihrem iPad bearbeiteten Fotos weitergeben möchten, sei es per E-Mail verschicken oder online veröffentlichen – in sozialen Netzwerken –, dann ist das aus der *Fotos*-App heraus möglich:

1 Wählen Sie in der *Fotos*-App das oder die Fotos aus, indem Sie auf *Auswählen* rechts tippen und dann die Fotos per Fingertipp wählen.

2 Tippen Sie links unten auf das *Teilen*-Feld. Hier erhalten Sie unter anderem die folgenden Möglichkeiten, die Fotos weiterzugeben.

❶ AirDrop: Kopieren Sie die Fotos auf einen Mac oder ein anderes iOS-Gerät in Ihrem WLAN-Netzwerk.

❷ Nachrichten und Mail: Versenden Sie die Fotos per E-Mail oder iMessage. Sie müssen nur noch den Betreff und den Adressaten angeben.

❸ Notizen und Erinnerungen: Geben Sie die Fotos an die *Notizen*- oder *Erinnerungen*-App weiter.

❹ Mehr: Über dieses Symbol ganz rechts finden Sie weitere Apps, an die Sie die Fotos weitergeben. Welche Apps erscheinen, hängt davon ab, ob diese auf Ihrem iPad installiert und kompatibel sind. Verfügen Sie über die entsprechenden Konten, können Sie Ihre Fotos auch bei Twitter, Facebook und anderen sozialen Netzwerken veröffentlichen.

Intelligente Suche nach Fotos

Die *Fotos*-App unterstützt Sie mittels „künstlicher Intelligenz" bei der Suche. Tippen Sie in der *Fotos*-App auf *Suchen*, werden Ihnen bereits automatisch Kategorien angezeigt, zu denen die App Fotos auf Ihrem iPhone oder iPad findet – zum Beispiel „Autos" oder „Tiere".

Fotos freigeben und teilen

Sie wollen Freunde und Bekannte an Ihrem Urlaub teilhaben lassen oder ihnen Ihre neuesten fotografischen Meisterwerke zeigen. Hierzu gehen Sie wie beschrieben vor:

1 Wählen Sie in der *Fotos*-App das oder die Fotos aus, indem Sie auf *Auswählen* rechts tippen und dann die Fotos per Fingertipp wählen.

2 Tippen Sie links unten auf das *Teilen*-Feld. Hier finden Sie den Befehl *Zu geteiltem Album hinzufügen*. Wählen Sie diesen aus.

3 Geben Sie dem geteilten Album einen Namen wie „Zoobesuch Sommer 2019" und tippen Sie auf *Weiter*.

4 Geben Sie nun die E-Mail-Adressen derjenigen ein, die die Fotos online anschauen dürfen, und wählen Sie *Per E-Mail*.

5 Nach einem Fingertipp auf *Erstellen* wird die Fotofreigabe angelegt, der Empfänger benachrichtigt und er kann sich dann die Fotos anschauen.

iCloud-Fotos und -Fotostream

Falls Sie es wünschen, können Sie Ihre gesamte Foto-Mediathek und alle neu geschossenen Fotos in die iCloud hochladen.

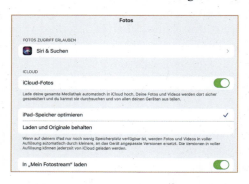

1 Dazu öffnen Sie die *Einstellungen* des iPhone oder iPad und tippen dort auf den Eintrag *Fotos*.

2 In der rechten Spalte schalten Sie die Optionen *iCloud-Fotos* sowie *Mein Fotostream laden* ein. Damit können Sie von jedem Mac, iPad oder iPhone sowie Windows-PC auf Ihre iCloud-Fotomediathek zugreifen und auf Wunsch die Fotos mit anderen teilen.

Beachten Sie aber, dass der Speicherplatz auf iCloud begrenzt ist. Unter Umständen müssen Sie weiteren Speicherplatz erwerben, um alle Ihre Fotos in die iCloud laden zu können.

Fotos ausdrucken per AirPrint

Ihre Notizen, Texte oder Fotos können Sie – ein kompatibler Drucker vorausgesetzt – dank AirPrint, der Drucktechnologie von iOS 12, zu Papier bringen – ganz wie vom Computer gewohnt.

Die Voraussetzungen sind: ein WLAN-Netzwerk sowie ein AirPrint-kompatibler Drucker, der in das WLAN-Netzwerk eingebunden ist. Eine Liste AirPrint-kompatibler Drucker finden Sie auf der entsprechenden Supportseite von Apple https://support.apple.com/de-de/HT201311.

Natürlich muss die verwendete App auch über eine Druckfunktion verfügen.

Um Fotos auszudrucken, gehen Sie wie folgt vor:

1 Starten Sie die App, mit der Sie drucken möchten. Die Druckfunktion finden Sie meist über das *Teilen*-Feld rechts oben oder das Symbol zum *Weiterleiten* (nach links gebogener Pfeil).

2 Wischen Sie so weit nach unten, bis der Befehl *Drucken* erscheint und tippen Sie darauf.

3 Anschließend wählen Sie den Drucker aus und nehmen die Druckeinstellungen vor. Welche hier zur Verfügung stehen, hängt von der App, der Art des Dokuments und Ihrem Drucker ab.

4 Über einen Fingertipp auf *Drucken* wird Ihr Dokument zu Papier gebracht.

→ Weitere Apps der Druckerhersteller

Unter Umständen stellt der Hersteller Ihres Druckers eine oder mehrere Apps zur Verfügung, mit denen Ihr Drucker bedient und eingerichtet werden kann. Konsultieren Sie auf jeden Fall das dem Drucker beiliegende Handbuch oder schauen Sie einfach im App Store nach, indem Sie den Namen des Druckerherstellers ins Suchfeld eingeben.

Vor allem wenn Sie ein Multifunktionsgerät besitzen, welches eine Druck-, Kopierund Scanfunktion besitzt, sollten Sie die App des Herstellers installieren. Mittels dieser App können Sie dann nicht nur drucken, sondern auch kopieren und scannen – direkt vom iPhone und iPad aus.

Videos aufnehmen

Mit iPhone und iPad können Sie nicht nur fotografieren, sondern auch hervorragend filmen. Die Bildqualität übertrifft bei den aktuellen Modellen sogar die vieler Kompaktkameras und einfacher System- und Spiegelreflexkameras. Vor allem der Bildstabilisator und die optische Zoomfunktion – nur beim iPhone – tragen enorm dazu bei. Ab dem iPhone 6s und dem iPad Pro lassen sich auch Videos im 4K-Format (in doppelter Full-HD-Auflösung) aufnehmen. Diese benötigen jedoch sehr viel Speicherplatz, daher kann es auf einem Gerät mit nur 64 GB Speicherplatz rasch etwas eng werden.

Das erste Video aufnehmen

1 Starten Sie die *Kamera*-App auf dem Home-Bildschirm oder rufen Sie diese auf dem Sperrbildschirm über das kleine *Symbol* rechts unten auf.

2 Um ein Video aufzunehmen, wählen Sie *Video*, stellen mit einem Fingertipp auf das Motiv scharf, beziehungsweise legen die Belichtung fest und betätigen den *Auslöser*. Das Video wird aufgenommen.

3 Beenden Sie nun die Aufnahme mit einem erneuten Fingertipp auf den Auslöser. Sie finden das Video – geordnet nach Aufnahmeort und Datum – in Ihrem Fotoalbum.

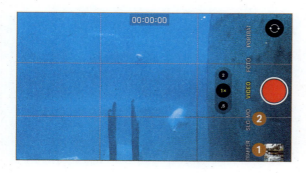

Beim Filmen haben Sie zwei weitere Möglichkeiten:

❶ Zeitraffer: Nehmen Sie ein Video im Zeitraffermodus auf.

❷ Slo-Mo: Filmen Sie in Zeitlupe.

Auflösung des Videos ändern

Möchten Sie die Auflösung des Videos oder das Format anpassen, müssen Sie dazu die *Einstellungen* der Kamera aufrufen. Tippen Sie dort auf *Kamera*. Hier finden Sie folgende Optionen:

▶ **Raster:** Beim Fotografieren oder Filmen wird ein Raster eingeblendet, an dem Sie sich unter anderem orientieren können, um auf Ihren Aufnahmen einen geraden Horizont zu erhalten.

▶ **Video aufnehmen:** Hier legen Sie die Auflösung und Bildrate des Videos fest. Standard sind 1080p HD bei 30–60 fps (Frames pro Sekunde). 4K-Videos können Sie, je nach iPhone oder iPad, in 24–60 fps filmen.

▶ **Slo-Mo aufnehmen:** Die Auflösung und Bildrate für Videos in Slow Motion – also in Zeitlupe – wird hier festgelegt.

▶ **Format:** Stellen Sie hier ein, ob Sie das speicherplatzschonende HEVC-Format oder das kompatible H.264-Format für Ihre Videos wünschen.

Videos bearbeiten

Selbstverständlich lassen sich die von Ihnen aufgenommenen Videos auf dem iPhone und iPad auch bearbeiten.

Hier gilt das Gleiche wie bezüglich der Fotos: Das Filmen mit dem iPhone ist sehr einfach und bequem möglich. Bei der aufwendigeren Videobearbeitung ist es hingegen ratsam – vor allem aufgrund des größeren Displays –, auf das iPad, den Mac oder auch den Windows-PC auszuweichen. Videobearbeitung lässt sich natürlich auch mit dem iPhone realisieren – schnell genug dazu sind die aktuellen Modelle wie das iPhone 11 und iPhone 11 Pro allemal.

Sicherungskopie erstellen: Legen Sie vor der Bearbeitung eine Sicherungskopie Ihres Videos an, indem Sie es auswählen, auf das *Teilen*-Feld tippen und dort den Befehl *Duplizieren* verwenden. Anschließend wird eine Kopie des Videos im gleichen Album angelegt.

Das Video mit der Fotos-App schneiden

Eine einfach gehaltene Möglichkeit, das aufgenommene Video zu schneiden, bietet Ihnen bereits die *Fotos*-App.

1 Wählen Sie das aufgenommene Video aus dem Album *Videos* aus und öffnen Sie es über einen Fingertipp. Schauen Sie es sich kurz über den Schalter *Abspielen* an.

2 Tippen Sie auf *Bearbeiten* rechts oben, wird das Video im Bearbeitungsmodus geöffnet.

3 Um den Anfang oder das Ende des Videos zu schneiden, ziehen Sie die linke *weiße Markierung* nach rechts und die rechte nach links.

4 Über einen Fingertipp auf das *gelbe Häkchen* rechts oben wird das Video geschnitten und gespeichert.

Videos mit der Fotos-App bearbeiten

Daneben haben Sie mit der *Fotos*-App von iOS 13 sowie iPadOS 13 bei der Videobearbeitung ähnlich viele Möglichkeiten wie schon bei der Bildbearbeitung. So erhalten Sie eine gute Basis für das schnelle Kürzen eines Clips und für schnell einzufügende Effekte.

So bedienen Sie die Videobearbeitungsfunktion der *Fotos*-App im Detail:

1 Wählen Sie das aufgenommene Video aus dem Album *Videos* aus und öffnen Sie es über einen Fingertipp. Betrachten Sie es gegebenenfalls über den Schalter *Abspielen*.

2 Tippen Sie auf *Bearbeiten* rechts oben, wird das Video im Bearbeitungsmodus geöffnet.

3 Zum Schneiden tippen Sie auf das *Kamera*-Symbol links und gehen so vor, wie oben beschrieben.

4 Detaillierter können Sie das Video über die *Anpassungen* bearbeiten. Hier lässt sich die Belichtung oder auch die Farbe anpassen.

5 Des Weiteren können Sie die von der Fotobearbeitung bekannten Filter anwenden.

6 Und besonders praktisch ist, dass sich die Ausrichtung des Videos über das entsprechende Symbol nachträglich ändern lässt.

Schnelle Videobearbeitung mit iMovie

Im Gegensatz zur Bildbearbeitung liefert Apple für die Videobearbeitung mit *iMovie* ein umfangreiches und sehr leistungsfähiges Programm frei Haus.

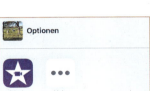

Die App, die bereits auf Ihrem iPhone und iPad vorinstalliert ist, bietet Ihnen noch mehr Möglichkeiten, vor allem wenn Sie vorhaben, das Video zu versenden oder zu veröffentlichen.

So bedienen Sie *iMovie*:

1 Wählen Sie, wie oben ausgeführt, das Video aus und tippen Sie auf *Bearbeiten*.

2 Anstatt das Video über die *Fotos*-App zu bearbeiten, tippen Sie auf den *kleinen weißen Kreis mit den drei Punkten* und anschließend auf *iMovie*.

3 Haben Sie alle Bearbeitungen vorgenommen, schauen Sie sich die Vorschau Ihres Werkes an und tippen auf *Fertig*. Anschließend wird es automatisch im Album *Videos* abgelegt.

Für das in *iMovie* geöffnete Video haben Sie folgende Möglichkeiten zur Bearbeitung:

❶ Abspielen: Schauen Sie sich das Video an.

❷ Schneiden: Schneiden Sie das Video, indem Sie den gelben Balken jeweils von links nach rechts ziehen oder von rechts nach links.

❸ Videofilter: Peppen Sie Ihr Video mit diversen Filtern auf.

❹ Titel: Hier geben Sie dem Video einen Titel nach Wunsch.

❺ Musik: Unterlegen Sie Ihr Video mit Musik.

Videos teilen

Um Ihre filmischen Meisterwerke weiterzugeben oder zu versenden, führen Sie folgende Schritte durch:

1 Öffnen Sie in der *Fotos*-App das Album *Videos*.

2 Wählen Sie das oder die Videos aus, welche Sie teilen möchten. Tippen Sie dann auf das *Teilen*-Feld.

3 Möchten Sie Ihr Werk in sozialen Netzwerken veröffentlichen, wählen Sie das gewünschte aus und geben Ihre Benutzerdaten ein.

4 Zum Versenden via *Nachrichten* oder *E-Mail* finden Sie dort ebenfalls die Einträge. Beachten Sie aber, dass aufgrund der Größe von Videodateien das Versenden entweder einige Zeit in Anspruch nehmen kann oder es sogar – je nach Ihrer Internetverbindung und Ihrem E-Mail-Provider – eventuell gar nicht möglich ist.

Eigene Videos auf dem TV anschauen

1 Starten Sie – zum Beispiel – die *Fotos*-App und wählen Sie dann eines Ihrer Videos aus. Tippen Sie rechts oben auf das *Teilen*-Feld.

2 Möchten Sie das Video über AirPlay streamen, tippen Sie auf den gleichnamigen Befehl.

3 Über einen Fingertipp auf den Namen des Geräts – hier Apple TV – wird das Video abgespielt.

4 Wollen Sie stattdessen Fotos anschauen – ebenfalls über Apple TV –, gehen Sie genauso vor, nur wählen Sie die Fotos beziehungsweise das Fotoalbum aus.

Apps und Medien auf dem TV-Gerät nutzen

Falls Sie den Inhalt Ihres iPad- oder iPhone-Displays – über Apple TV – auf einem TV-Gerät zeigen möchten, verfahren Sie folgendermaßen:

1 Wischen Sie vom rechten oberen Rand des Displays nach unten, um das *Kontrollzentrum* anzuzeigen.

2 Tippen Sie auf *Bildschirmsynchronisierung* und wählen dort *Apple TV* aus.

3 Hat alles geklappt, dann leuchtet der Eintrag *Apple TV* blau, und am oberen Rand des Bildschirms erscheint eine blaue Statusleiste, auf der Sie rechts das *AirPlay*-Symbol erkennen. Sobald diese Leiste erscheint, wird der Inhalt Ihres iPhone auf dem TV-Gerät angezeigt. Die Bedienung erfolgt über das Multi-Touch-Display Ihres iPhone.

Apple TV mit dem iPhone oder iPad bedienen

Auf Wunsch können Sie das iPad oder iPhone als Fernbedienung für Ihr Apple TV verwenden.

1 Rufen Sie das *Kontrollzentrum* auf, indem Sie vom rechten oberen Rand des Displays nach unten wischen.

2 Dort tippen Sie auf *Apple TV*.

3 Nun wird auf Ihrem TV-Bildschirm ein Code angezeigt, den Sie auf dem iPad oder iPhone eingeben.

4 Danach erscheint auf dem Display des iPhone oder iPad die bekannte Oberfläche der Apple-TV-Fernbedienung.

Fotos und Videos importieren

Ihre mit dem iPhone oder iPad aufgenommenen Videos und Fotos sollten natürlich auch auf Ihren Computer importiert werden. So besitzen Sie einerseits eine Sicherheitskopie davon und andererseits können Sie diese dort weiterverwenden und bearbeiten – mit professionellen Programmen zur Bild- und Videobearbeitung.

Fotos mit dem Mac importieren

1 Schließen Sie das iPhone oder iPad mit dem beiliegenden USB-C- oder Lightning-auf-USB-Kabel an den Mac an. Die *Fotos*-App startet in der Regel automatisch.

2 In der linken Seitenleiste der *Fotos*-App erscheint unter *Importieren* der Eintrag *iPhone …*

3 Möchten Sie alle Fotos und Videos importieren, dann klicken Sie rechts oben auf den Schalter *Alle neuen Objekte importieren*.

4 Falls es nur einzelne Videos und Fotos sind, klicken Sie auf *Ausgewählte importieren*. Markieren Sie bei Bedarf die Option *Objekte nach dem Import löschen*, dann werden sie vom iPhone entfernt.

5 Die importierten Fotos und Videos finden Sie links in der Seitenleiste unter *Letzter Import*.

Fotos mit dem Windows-PC importieren

1 Schließen Sie das iPhone oder iPad mit dem beiliegenden USB-C- oder Lightning-auf-USB-Kabel an den Windows-PC an. Nun wählen Sie aus, welches Programm zum Import verwendet werden soll. Dies ist in der Regel *Fotos* von Windows 10. Sie benötigen keine separate iTunes-Installation.

2 Entsperren Sie Ihr iPhone beziehungsweise iPad und bejahen Sie die Frage, ob es dem Computer „vertrauen" kann.

3 Wählen Sie alle Fotos und Videos aus, die importiert werden sollen, und klicken Sie auf *Fortfahren*.

4 Die Fotos werden importiert und im Ordner *Bilder* abgelegt.

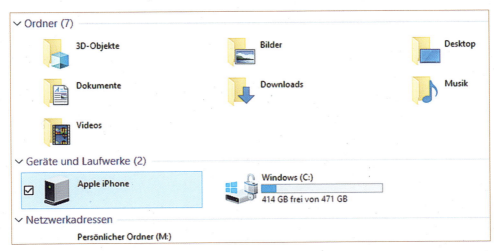

Datenaustausch und -sicherung

Um Daten vom iPhone oder iPad auf andere Geräte wie Ihren Windows-PC oder Mac zu bekommen und umgekehrt, gibt es viele unterschiedliche Möglichkeiten. Diese hängen davon ab, welches iPhone oder iPad Sie verwenden und welchen Computer. Zudem spielen Art, Anzahl und Größe der Dateien eine Rolle.

Datenübertragung per iTunes und USB

Der traditionelle Weg, Daten auf ein iOS- oder iPadOS-Gerät zu kopieren oder auch vom iOS- oder iPadOS-Gerät auf Ihren Computer, führt über das mitgelieferte USB-C- oder Lightning-auf-USB-Kabel.

Überblick über den Datenaustausch mit iTunes

① **Übersicht:** Die Übersichtsseite Ihres iPhone oder iPad. Klicken Sie dazu auf das *kleine Symbol* links über der Seitenleiste.

② **Einstellungen:** In der Seitenleiste finden Sie die *Einstellungen*, in denen festgelegt wird, welche Medien und Daten kopiert werden sollen.

③ **Medien:** Über *Musik*, *Filme*, *TV-Sendungen* ... legen Sie fest, welche Medien kopiert werden sollen.

④ **Auf meinem Gerät:** Hier werden alle momentan auf Ihrem iOS-Gerät befindlichen Apps aufgelistet.

⑤ **Backups:** Legen Sie fest, ob das Backup auf dem Computer oder in der iCloud (direkt über WLAN) gesichert werden soll.

⑥ **Optionen:** Einstellungen zur Verbindung und Synchronisation mit dem iPhone.

⑦ **Speicherbelegung:** Hier wird angezeigt, wie viel Speicherplatz die unterschiedlichen Medien sowie Apps auf dem iPhone oder iPad erfordern.

⑧ **Synchronisieren:** Möchten Sie die vorgenommenen Einstellungen bestätigen und die Apps und Medien kopieren, klicken Sie auf *Synchronisieren*.

Apps und Medien auf iPhone und iPad kopieren

Um Ihre Medien auf das iPhone oder iPad zu kopieren, gehen Sie auf die folgende Weise vor:

1 Schließen Sie das iPhone oder iPad über das USB-C- oder Lightning-auf-USB-Kabel an Ihren Computer an. In der Regel startet iTunes automatisch.

2 Nun erscheint links oben ein *kleines Symbol*. Klicken Sie auf dieses, erscheint im Hauptfenster von iTunes die Übersichtsseite. Links in der Seitenleiste finden Sie die *Einstellungen* des angeschlossenen iOS-Geräts.

3 Zum Kopieren der Medien klicken Sie auf den entsprechenden Eintrag in der Seitenleiste und wählen dann im Hauptfenster die gewünschten Medien aus.

4 Es lassen sich auch gezielt Fotos und Videos aus der Foto-Mediathek auf das iPhone oder iPad kopieren. Klicken Sie dazu in der Seitenleiste auf *Fotos* und nehmen dann rechts im Hauptfenster die erforderlichen Einstellungen vor.

→ Finder statt iTunes ab macOS Catalina

Nutzen Sie auf Ihrem Mac bereits macOS Catalina, werden Sie iTunes dort vergeblich suchen. Stattdessen werden Ihre Daten über den Finder synchronisiert.

Sie schließen dazu wie gewohnt das iPhone oder iPad mit dem USB-C- oder Lightning-auf-USB-Kabel an den Mac an. Anschließend wird es links in der Seitenleiste aufgeführt. Klicken Sie einfach auf dessen Namen. Nun erscheint rechts im Fenster eine Ansicht, die der von iTunes ähnelt. Daher können Sie im Grunde zur Auswahl der Daten und zur Synchronisierung so vorgehen, wie von iTunes gewohnt.

Medien vom iPhone oder iPad entfernen

Um gespeicherte Daten wieder zu entfernen, können Sie ebenfalls iTunes oder, ab macOS Catalina, den Finder nutzen. Verfahren Sie dabei so wie vorher beim Kopieren von Daten, entfernen aber diesmal die Markierungen/Häkchen vor den entsprechenden Medien. Mit einem Mausklick auf *Synchronisieren* rechts unten werden die Medien vom iPhone oder iPad gelöscht.

Dokumente auf das iPad oder iPhone übertragen

Zusätzlich zu Medien möchten Sie sicher auch Dokumente, wie PDF-Dateien, Word-Dateien oder Ähnliches, auf Ihr iPhone oder iPad übertragen. Hierzu können Sie unter anderem iTunes beziehungsweise den Finder nutzen.

1 Schließen Sie Ihr iPhone oder iPad über das USB-C- oder Lightning-auf-USB-Kabel an Ihren Computer an. In der Regel startet iTunes automatisch, falls Sie es noch nicht selbst aufgerufen haben. Bei macOS Catalina wählen Sie in der linken Seitenleiste unter *Orte* Ihr iPhone oder iPad.

2 Suchen Sie in der linken Spalte die App, deren Dokumente übertragen werden sollen.

3 Ziehen Sie die gewünschten Dateien in die linke Spalte. Über einen Mausklick auf *Synchronisieren* werden die Dateien auf das iPhone oder iPad kopiert. Dort werden sie dann mit der dazugehörigen App geöffnet.

→ Synchronisation über WLAN

Statt per USB-C- oder Lightning-auf-USB-Kabel lässt sich die Synchronisation auch über WLAN durchführen. Aktivieren Sie dafür die Einstellung **Mit diesem iPhone/iPad über WLAN synchronisieren** auf der Übersichtsseite unter **Optionen**. Beachten Sie, dass Ihr iPad oder iPhone bei Synchronisierung über WLAN nicht per Kabel mit dem Computer verbunden sein darf und sich im gleichen WLAN wie Ihr Computer befinden muss.

Daten synchronisieren mit dem Windows-PC

Unter Windows können Sie so vorgehen, wie oben beschrieben. Schließen Sie das iPhone oder iPad mit dem USB-C- oder Lightning-auf-USB-Kabel an den Windows-PC an und warten Sie, bis iTunes automatisch gestartet ist, oder starten Sie es selbst. Dann folgen Sie den obigen Anweisungen. Die Unterschiede zwischen der Version von iTunes für macOS und Windows sind minimal. Achten Sie aber darauf, dass es sich um die aktuelle Version von iTunes handelt.
Falls Sie iTunes erst installieren müssen, besuchen Sie die Webseite www.apple.com/de/itunes/download und laden Sie dort iTunes herunter.

Möchten Sie auch Ihre E-Mails, Kontakte, Termine und Aufgaben mit dem iPhone und iPad synchronisieren, benötigen Sie auf dem Windows-PC Microsoft Outlook. Die Synchronisierung ist dann über iTunes direkt oder – besser – über iCloud möglich. Hierfür müssen Sie zudem iCloud für Windows installieren und einrichten.

iCloud für Windows einrichten

1 Laden Sie iCloud für Windows auf der Webseite https://support. apple.com/de-de/HT204283 herunter und installieren Sie es.

2 Starten Sie das Programm und melden Sie sich mit Ihrer Apple-ID an. Nun aktivieren Sie alle gewünschten Funktionen, wie zum Beispiel *iCloud Drive*, *Mail*, *Kontakte*, *Kalender und Aufgaben* und *Lesezeichen*.

3 E-Mails, Kontakte und Aufgaben sowie Kalender werden mit Outlook abgeglichen und Lesezeichen mit dem unterstützten und von Ihnen bevorzugten Web-Browser erstellt.

Datenaustausch über iCloud Drive

Mit Ihrer Apple-ID ist ein Konto bei iCloud Drive verbunden. Meist ohne Ihr Eingreifen werden dort wichtige Daten zwischen Ihrem Mac, anderen PCs und dem iPhone sowie iPad automatisch abgeglichen. Die Online-Festplatte kann aber auch dazu verwendet werden, gezielt einzelne Dateien und Dokumente auszutauschen.

iCloud Drive einschalten

Damit dies möglich ist, muss iCloud Drive aktiviert sein. Prüfen Sie nach, ob dies der Fall ist:

1 Öffnen Sie auf dem iPhone oder iPad die *Einstellungen*. Dort tippen Sie auf Ihren *Benutzernamen* sowie *iCloud*.

2 Hier schalten Sie *iCloud Drive* ein, sofern noch nicht geschehen.

3 Damit Sie über iCloud Drive Dateien austauschen können, muss es auch auf Ihren anderen Computern und iOS-Geräten aktiviert sein.

4 Unter macOS finden Sie die entsprechenden Einstellungen über *Apple-ID* in den *Systemeinstellungen*. Dort klicken Sie links auf *iCloud* und schalten rechts *iCloud Drive* ein.

5 Auf dem Windows-PC finden Sie diese Einstellung in der *Systemsteuerung*. Allerdings muss zuvor die *iCloud*-App für Windows – wie oben beschrieben – installiert worden sein.

Dateien an Computer und iPhone oder iPad bearbeiten

Öffnen Sie die *Dateien*-App auf dem iPhone oder iPad. Dort finden Sie den Eintrag *Speicherorte* und unter diesem *iCloud Drive*. Tippen Sie auf diesen. Die dort vorhandenen Ordner gehören zu den bereits auf Ihrem iPad oder iPhone installierten Apps, die einen automatischen Datenabgleich über iCloud Drive ermöglichen, wie zum Beispiel *Pages*, *Keynote*, *Numbers* und andere. Auf diese Weise können Sie unterwegs mit dem iPad oder iPhone an diesen Dateien nahtlos weiterarbeiten und zu Hause dann am Mac die Arbeit wieder aufnehmen.

1 Auf dem Mac sichern Sie über das entsprechende Programm, wie beispielsweise *Pages*, ein Dokument auf iCloud Drive, indem Sie als Zielordner den Ordner *Pages* verwenden.

2 Auf dem iPad oder iPhone starten Sie anschließend *Pages* und rufen das Dokument dort auf.

3 Bearbeiten und verändern Sie es. Nun wird die aktuelle Version automatisch auf iCloud Drive gesichert und Sie können von überall auf diese aktuelle Version zugreifen.

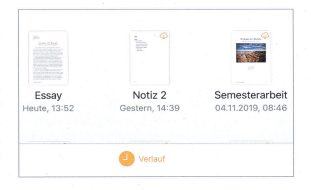

Genauso funktioniert dies bei anderen Apps, wie *TextEdit* oder *Vorschau* – aber natürlich nur, wenn Sie das Dokument jeweils auf iCloud Drive sichern.

Dateien über iCloud Drive austauschen

Auch für die Anwender anderer Programme ist iCloud Drive von Nutzen.

So können Sie dort eigene Ordner anlegen und Dateien darin speichern, um sie dann auf dem jeweils anderen Gerät zu bearbeiten.

1 Suchen Sie links in der Seitenleiste des Finder- oder Explorer-Fensters auf dem Windows PC den Eintrag *iCloud Drive*. Anschließend erscheint im Hauptfenster dessen Inhalt.

2 Erstellen Sie wie gewohnt einen Ordner und legen Sie darin die gewünschten Dateien ab.

3 Auf dem iPad oder iPhone öffnen Sie die *Dateien*-App und wählen unter *Speicherorte* den *iCloud Drive* aus.

4 Rechts wird der Inhalt von iCloud Drive aufgelistet. Tippen Sie auf den am Computer angelegten *Ordner* und dann auf die *Datei*. In der Regel wird die Datei von der *Dateien*-App angezeigt oder sie wird gleich von einer kompatiblen App geöffnet.

Alternativen zu iCloud Drive

Als Alternativen zu iCloud Drive bieten sich unter anderem Dropbox und OneDrive von Microsoft an. Beide Cloud-Dienste sind etwas flexibler zu handhaben, wenn Sie nicht ausschließlich Anwendungen und Apps von Apple verwenden.

OneDrive kann vor allem für Microsoft-Windows- und Office-Anwender empfohlen werden. Denn der Cloud-Dienst ist bereits in Windows 10 und in die aktuellen Office-Anwendungen für Windows, macOS und iOS oder iPadOS integriert. Damit Sie OneDrive nutzen können, benötigen Sie ein Windows-Live-Konto, die App OneDrive für Windows beziehungsweise macOS oder iOS und iPadOS. 5 GB Speicherplatz sind kostenlos, weitere 100 GB können Sie für 2 Euro/Monat dazubuchen.

DropBox gehört zu den ältesten Cloud-Diensten. Apps für Windows, macOS und iOS oder iPadOS sind ebenfalls verfügbar und müssen auf den entsprechenden Geräten installiert werden. Dropbox bietet 2 GB kostenlosen Speicherplatz, 2 TB sind beispielsweise für knapp 10 Euro/Monat erhältlich.

Datenaustausch über AirDrop

Besitzen Sie einen Mac und ein iPad oder iPhone beziehungsweise mehrere Macs und iOS- sowie iPadOS-Geräte, dann ist der Datenaustausch besonders komfortabel und schnell möglich.

Vor allem wenn es um einzelne Dateien geht, die schnell von einem Gerät auf das andere kopiert werden sollen, ist AirDrop eigentlich unschlagbar.

AirDrop aktivieren

Damit Sie Dateien via AirDrop problemlos tauschen können, sollten Sie über einen halbwegs aktuellen Mac mit mindestens OS X Yosemite oder höher verfügen sowie über ein iPhone oder iPad mit iOS 8 und höher.

Windows-PCs werden von AirDrop bislang aber nicht unterstützt.

Zum Aktivieren von AirDrop nehmen Sie folgende Einstellungen vor:

1 Sorgen Sie dafür, dass sich alle Geräte im selben WLAN-Netzwerk befinden. Aktivieren Sie auf Ihrem Mac und dem iPhone beziehungsweise iPad *WLAN*, falls dies nicht geschehen sein sollte.

2 Auf dem Mac finden Sie in der Seitenleiste des Finder-Fensters den Eintrag *AirDrop*. Klicken Sie auf diesen Eintrag.

3 Damit auch Personen, die nicht in Ihrer *Kontakte*-App vermerkt sind, Dateien mit Ihnen austauschen können, klicken Sie im Hauptfenster auf *Ich bin sichtbar für: Jeder*.

4 Die gleichen Einstellungen nehmen Sie bitte auf dem iPhone oder iPad vor. Hier wischen Sie vom rechten oberen Rand des Displays nach unten, um das *Kontrollzentrum* anzuzeigen.

5 Tippen Sie hier erst auf das Feld mit den „drahtlosen" Verbindungen und dann auf das *AirDrop*-Symbol. Anschließend wählen Sie ebenfalls *Für jeden* aus.

Continuity und Handoff

AirDrop ist Bestandteil der *Continuity* genannten Funktionen von macOS und iOS 13 sowie iPadOS 13,

welche die Zusammenarbeit zwischen Mac, iPhone und iPad verbessern und vereinfachen sollen.

Handoff, das im Hintergrund wirkt, ist eine weitere zu *Continuity* gehörende Funktion. Sie ermöglicht es, beispielsweise am iPhone dort weiterzuarbeiten, wo Sie am Mac begonnen haben.

Angenommen Sie öffnen auf dem Mac eine Webseite mit Safari, dann erscheint auf dem Sperrbildschirm des iPhone links unten sowie ebenfalls im Dock das *Safari*-Symbol. Tippen Sie auf dieses, wird die gleiche Webseite auch auf dem iPhone angezeigt.

Neben Safari unterstützen weitere Apps wie *Mail* die Funktion *Handoff*. Damit das funktioniert, muss es natürlich in den Einstellungen aktiviert sein. Am Mac sowie am iPhone oder iPad finden Sie die entsprechende Option in den Systemeinstellungen beziehungsweise in den *Einstellungen* unter *Allgemein*.

Dateien über AirDrop kopieren

Haben Sie AirDrop überall wie beschrieben eingeschaltet, dann sollte im Hauptfenster auf dem Mac nun das Symbol Ihres iPhone oder iPad zu sehen sein.

1 Möchten Sie eine Datei vom Mac auf Ihr iPhone oder iPad kopieren, legen Sie diese auf deren Symbol im Hauptfenster. Bitte beachten Sie: Es sollte sich dabei um ein Dateiformat handeln, das mit einer auf dem iPhone oder iPad installierten App geöffnet werden kann.

2 Anschließend erscheint auf dem iPhone beziehungsweise iPad eine Liste kompatibler Apps, mit denen Sie die Datei öffnen können.

3 Wählen Sie die passende App aus, wird die Datei mit dieser App geöffnet und angezeigt.

4 Um eine Datei in entgegengesetzter Richtung vom iPhone oder iPad auf den Mac zu kopieren, öffnen Sie die Datei mit der passenden App.

5 Suchen Sie nun – in der Regel rechts oben – nach dem *Teilen*-Feld und tippen Sie auf dieses. Dort erscheint das Symbol Ihres Macs (oder auch eines anderen iOS-Geräts).

6 Tippen Sie auf das *Symbol*, dann wird die Datei umgehend in den Downloads-Ordner auf Ihrem Mac übertragen oder auf das entsprechende iOS-Gerät kopiert.

Das Teilen-Feld

Unter iOS 13 und iPadOS 13 besitzen zahlreiche Apps ein sogenanntes *Teilen*-Feld. Dieses befindet sich meist rechts oben an der App und wird durch ein Quadrat mit einem nach oben weisenden Pfeil symbolisiert. Über das *Teilen*-Feld können Apps Ihre Dateien oder Inhalte entweder an weitere Apps weitergeben, per E-Mail oder Nachrichten versenden, in sozialen Netzwerken veröffentlichen oder auch per AirDrop drahtlos auf ein anderes AirDrop-kompatibles Gerät übertragen.

Des Weiteren können über das Teilen-Feld Dokumente, Fotos oder Abbildungen zu Papier gebracht werden, sofern ein kompatibler Drucker verfügbar ist (siehe Seite 158). Welche Möglichkeiten der Weitergabe und Weiterverarbeitung das *Teilen*-Feld bietet, hängt von iOS oder iPadOS, der verwendeten App und den weiteren auf Ihrem iPhone oder iPad installierten Apps ab.

Daten über die Zwischenablage tauschen

Bei Macs und iPhone oder iPad, die *Handoff* und *Continuity* unterstützen, ist es möglich, Daten über die Zwischenablage auszutauschen, wie zum Beispiel Text, eine Internetadresse oder auch ein Kennwort.

1 Möchten Sie Text vom Mac auf Ihr iPad oder iPhone kopieren, dann markieren Sie diesen zunächst im Textverarbeitungsprogramm oder in einer anderen App.

2 Kopieren Sie den Text über die Tastenkombination *[cmd]+[c]* in die Zwischenablage.

3 Starten Sie nun eine entsprechende App, in der Sie den Text einfügen möchten, auf Ihrem iPhone oder iPad, wie zum Beispiel die *Notizen*-App.

4 Öffnen Sie die Notiz oder erstellen Sie eine neue. Tippen Sie so lange auf die geöffnete Notiz oder das Textdokument, bis das Kontextmenü erscheint.

5 Wenn Sie auf *Einsetzen* tippen, wird der Text eingefügt.

6 Zum Kopieren von Text vom iPad oder iPhone auf den Mac oder ein anderes Gerät tippen Sie auf die Textstellen, bis das Kontextmenü erscheint. Nun wählen Sie *Auswählen*. Markieren Sie den Text und tippen auf *Kopieren*. Der Text befindet sich in der Zwischenablage und Sie können ihn auf dem Mac mit der Tastenkombination *[cmd]+[v]* oder einem anderen iOS-Gerät wie beschrieben einfügen.

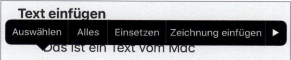

→ Daten über externe Datenträger tauschen

Seit iOS 13 und iPadOS 13 können Sie auch externe Datenträger an iPhone und iPad anschließen. Beim iPad Pro ab der 3. Generation nutzen Sie dazu den USB-C-Anschluss (bei Bedarf mit einem USB-C-auf-USB-Adapter). Bei allen iPads und iPhones mit Lightning-Anschluss benötigen Sie einen Lightning-auf-USB-Adapter. In diesem Fall muss allerdings für eine ausreichende Stromversorgung des Datenträgers gesorgt werden. Hierzu ist es unter Umständen erforderlich, an den Lightning-auf-USB-Adapter einen USB-Hub mit Netzteil anzuschließen und an diesen dann den Datenträger.

Bei einer externen Festplatte mit eigenem Netzteil ist das nicht erforderlich. Ist der Datenträger mit dem iPad beziehungsweise iPhone verbunden, greifen Sie über die **Dateien**-App und den Namen des Datenträgers in der linken Spalte der **Dateien**-App zu.

Backup: Daten sichern

Um Datenverlust vorzubeugen und im Fall der Fälle Ihre sensiblen Daten wiederherstellen zu können, sollten Sie regelmäßig Backups erstellen. Auch wenn Sie ein neues iPhone oder iPad erwerben wollen oder Ihr altes zur Reparatur muss, ist dies unumgänglich.

Hier stehen Ihnen zwei Möglichkeiten offen: ein Backup über iCloud oder iTunes beziehungsweise bei macOS Catalina über den Finder.

→ Wichtig: Nur eine Backup-Methode verwenden

Sie müssen sich immer für eine Backup-Methode entscheiden. Dies bedeutet, Sie können keine Datensicherung über iCloud und iTunes durchführen. Jedoch ist es möglich, zwischen den beiden Methoden zu wechseln.

Datensicherung über iCloud

Besonders bequem ist das Backup über iCloud. So sind Sie nicht von einem Mac oder PC abhängig und können Ihr iOS-Gerät später auch unterwegs wiederherstellen. Hierfür benötigen Sie einen schnellen Internetzugang über WLAN sowie genügend Speicherplatz bei iCloud.

1 Gehen Sie zu *Einstellungen > Ihr Benutzername > iCloud*.

2 Suchen Sie die Einstellung *iCloud-Backup* und schalten Sie diese mit einem Fingertipp ein.

3 Jetzt erscheint unter Umständen eine Meldung, dass Ihre Daten nicht mehr automatisch am Computer mit iTunes gesichert werden und nur noch über iCloud.

4 Bestätigen Sie diese Einstellung und tippen Sie auf *Backup jetzt erstellen*, um die Datensicherung zu starten. Ein Verlaufsbalken zeigt an, wie weit das Backup fortgeschritten ist.

Datensicherung über iTunes oder den Finder

Auch die Datensicherung über iTunes oder bei macOS Catalina über den Finder hat Vorteile. Ihr Backup ist sicher auf dem Computer gespeichert und Sie können es zu jeder Zeit wiederherstellen, auch wenn Sie gerade keinen Zugang ins Internet haben. Außerdem benötigen Sie für die Datensicherung normalerweise weit weniger Zeit als über iCloud.

1 Schließen Sie das iPhone oder iPad mit dem Lightning-auf-USB-Kabel an den Computer an. Warten Sie gegebenenfalls, bis iTunes gestartet ist.

2 Klicken Sie links oben unterhalb der Titelleiste des Fensters auf das *kleine Symbol* und anschließend in der Seitenleiste auf das Register *Übersicht*.

3 Nun klicken Sie im Hauptfenster auf den Eintrag *Backup automatisch erstellen: Dieser Computer*. In diesem Fall wird jedes Mal, wenn Sie das iPhone oder iPad an den Computer anschließen, ein aktuelles Backup erstellt.

4 Möchten Sie das Backup verschlüsseln, weil Sie auch Ihre Kennwörter mitsichern, wählen Sie die entsprechende Einstellung.

5 Alternativ können Sie das Backup manuell erstellen. In diesem Fall klicken Sie auf *Backup jetzt erstellen ...* und folgen den Anweisungen.

→ **Backup wiederherstellen?**

Wie Sie ein Backup wiederherstellen – über iCloud, iTunes oder bei macOS Catalina über den Finder –, wird im ersten Kapitel auf Seite 24 erläutert.

Tipps zur Datensicherheit

Nicht selten befinden sich auf Ihrem iPhone und iPad, ob privat oder geschäftlich, sensible Daten wie Kennwörter, Bankdaten, Adressen oder wichtige persönliche Dokumente. Aus diesem Grund sollten Sie dafür Sorge tragen, dass diese Daten nicht in falsche Hände geraten. Dies kann zwar niemals hundertprozentig ausgeschlossen werden, aber mit den folgenden Sicherheitseinstellungen machen Sie es den Datendieben etwas schwerer.

Regelmäßige Softwareaktualisierung

Installieren Sie die von Apple zur Verfügung gestellten Updates für iOS 13 und iPadOS 13 sowie die Aktualisierungen für Ihre installierten Apps schnellstmöglich. Noch besser ist es, Sie schalten die automatische Aktualisierung ein (siehe „Apps aktualisieren", Seite 105).

Face ID, Touch ID und Code aktivieren

Nutzen Sie auf jeden Fall die Möglichkeit, Face ID, Touch ID und einen Gerätecode einzurichten, der zur Anmeldung am iPhone oder iPad erforderlich ist. Sie können einen Code mit vier Ziffern oder – noch besser – einen Code mit sechs Ziffern nutzen. Die entsprechenden Optionen finden, über *Touch ID & Code* oder *Face ID & Code* in den *Einstellungen*.

Der Code ist auch dann erforderlich, wenn Sie Face ID oder Touch ID nutzen, da der Code bei einem Neustart des iPhone und iPad immer angegeben werden muss und die Entsperrung per Face ID oder Touch ID nicht genügt (wie Sie Face ID und Touch ID einrichten, erklären wir auf Seite 23 und Seite 62).

Mehrwege-Authentifizierung der Apple-ID einrichten

Um Ihre Apple-ID noch besser zu schützen, hat Apple die sogenannte Mehrwege-Authentifizierung eingeführt. Zur Aktivierung rufen Sie folgende Webseite auf: https://appleid.apple.com/de-de. Dort wählen Sie nach Eingabe von Benutzernamen und Kennwort die Einträge *Ihre Apple-ID verwalten* sowie *Sicherheit*. Mit einem Mausklick auf *Erste Schritte* unter *Zweistufige Bestätigung* folgen Sie den Anweisungen. Anschließend muss sich derjenige, der sich mit Ihrem Benutzernamen und Kennwort an einem bisher „fremden" Gerät anmelden möchte, erst autorisieren, indem er einen Sicherheitscode eingibt, der auf Ihren anderen Geräten angezeigt wird.

Kennwortabfrage aktivieren

Beim ersten Einkauf mit Ihrer Apple-ID im App Store oder auch im iTunes Store werden Sie gefragt, ob die Kennworteingabe jedes Mal erfolgen soll (*Immer erforderlich*) oder im Abstand von 15 Minuten (*Nach 15 Minuten erforderlich*). Bitte behalten Sie die Option *Immer erforderlich* aus Sicherheitsgründen besser bei.

iCloud-Schlüsselbund nutzen

Auf dem iPhone sowie anderen Geräten mit iOS oder macOS gespeicherte Kennwörter können sicher im sogenannten iCloud-Schlüsselbund aufbewahrt werden. Damit stehen Ihnen Ihre Kennwörter auf all Ihren Geräten, auf denen Sie mit Ihrer Apple-ID angemeldet sind, zur Verfügung. Den iCloud-Schlüsselbund aktivieren Sie in den *Einstellungen* über Ihren *Benutzernamen* in den Einträgen *iCloud* sowie *Schlüsselbund*. Damit die Kennwörter über iCloud synchronisiert werden, müssen Sie diese Funktion natürlich auch auf Ihren anderen Geräten aktivieren. Selbstverständlich wird der iCloud-Schlüsselbund durch eine 128- oder 256-Bit-Verschlüsselung geschützt.

Backup über iTunes oder den Finder durchführen

Auch wenn es bequem ist, das Backup Ihres iPhone oder iPad über iCloud durchzuführen, sollten Sie die Methode über iTunes (oder den Finder bei macOS Catalina) bevorzugen (siehe Seite 25). Erstens ist das Backup auf der Festplatte Ihres Macs oder Windows-PCs auch dann verfügbar, wenn Sie keinen Zugang zum Internet haben, und außerdem kann es auf Wunsch verschlüsselt werden. Aktivieren Sie vor dem Backup diese Option, dann werden auch die auf Ihrem iPhone und iPad befindlichen Kennwörter in das Backup einbezogen und Sie müssen diese später nicht erneut eingeben.

„Mein iPhone/iPad suchen" einschalten

iCloud bietet mit *Mein iPhone/iPad suchen* eine praktische Funktion, die Ihnen hilft, Ihr Gerät schnell wiederzufinden, sollten Sie es einmal verlegt haben. Diese Funktion dient auch dazu, ein gestohlenes iPhone oder iPad wieder ausfindig zu machen und dieses gegebenenfalls zu deaktivieren und zu löschen, damit Ihre Daten nicht in fremde Hände fallen. *Mein iPhone/iPad suchen* schalten Sie ein, indem Sie in den *Einstellungen* auf Ihren *Benutzernamen* und dort auf den Eintrag *Wo ist?* tippen (siehe dazu den Abschnitt „Die Wo-ist?-App", Seite 196).

Ortungsdienste abschalten

Das Abschalten der Ortungsdienste, wie in unserem Tipp zum Verlängern der Akkulaufzeit auf Seite 201 beschrieben, sollte auch in diesem Zusammenhang erwähnt werden. Schalten Sie diese ab, kann niemand mehr ohne Weiteres Ihren Aufenthaltsort oder die Wege, die Sie zurückgelegt haben, über Ihr iPhone nachverfolgen. Aber bitte beachten Sie, dass manche Apps, die darauf angewiesen sind, dann nicht mehr wie erwartet funktionieren.

Häufige Orte abschalten

Ihr iPhone und iPad protokolliert mit, an welchen Orten Sie sich häufig aufhalten, um Ihnen dann ortsbezogene Informationen anbieten zu können. Diese Funktion können Sie ebenfalls abstellen: *Einstellungen > Datenschutz > Ortungsdienste > Systemdienste > Wichtige Orte*. Hier schalten Sie die gleichnamige Funktion ab. Falls Sie wünschen, können Sie den bisherigen Verlauf löschen.

Diagnose und Nutzung abschalten

Manche Apps von iOS und iPadOS sowie Apps von Drittanbietern senden Diagnose- und Nutzungsinformationen an Apple. Dies können Sie auf Wunsch unterbinden: *Einstellungen > Datenschutz > Analyse & Verbesserungen > iPad/iPhone-Analyse teilen > Mit App-Entwicklern teilen*. Gegebenenfalls lassen sich hier auch andere Einstellungen abschalten.

Bluetooth deaktivieren

Bluetooth kann von findigen Hackern als Einfallstor auf Ihr iPad oder iPhone genutzt werden. Schalten Sie es also ab, wenn Sie es nicht unbedingt benötigen. Dazu rufen Sie das *Kontrollzentrum* auf und deaktivieren es mit einem Fingertipp.

AirDrop einschränken

Wie Sie wissen, lassen sich über *AirDrop* Dateien zwischen iOS- sowie iPadOS-Geräten und Macs austauschen. Damit Ihnen nicht jeder irgendeine Datei schicken kann, können Sie den Personenkreis einschränken. Öffnen Sie dazu das *Kontrollzentrum* und tippen Sie auf *AirDrop*. Um nur bekannten Personen zu erlauben, Ihnen Dateien zu schicken, tippen Sie im AirDrop-Menü auf *Nur Kontakte*. Sorgen Sie in diesem Fall aber dafür, dass die entsprechende Person sich auch in Ihrer *Kontakte*-App befindet.

Widgets deaktivieren

So praktisch die kleinen Widgets von iOS 13 und iPadOS 13 auch sind (siehe Abschnitt „Die Ansicht ‚Heute'", Seite 57), so problematisch sind sie aus Gründen des Datenschutzes. Schließlich können auch andere einen Blick auf Ihren Bildschirm oder Sperrbildschirm erhaschen. Schalten Sie daher entsprechende Widgets bei Bedarf ab. Öffnen Sie dazu den Home-Bildschirm mit den Widgets, indem Sie nach links wischen und tippen unten auf *Bearbeiten*. Hier können Sie per Fingertipp auf das *Entfernen*-Symbol einzelne Widgets deaktivieren.

Zugriff vom Sperrbildschirm einschränken

In der Vergangenheit war es aufgrund einer Sicherheitslücke in Einzelfällen unter Umständen möglich, dass ein Fremder über bestimmte Dienste auf dem Sperrbildschirm, wie zum Beispiel Siri, Zugriff auf Ihr iPhone oder iPad erhalten konnte – auch ohne Face ID, Touch ID oder die Eingabe des Codes. Daher können Sie auch auf Nummer sicher gehen und die entsprechenden Dienste auf dem Sperrbildschirm abschalten. Öffnen Sie dazu in den *Einstellungen > Face ID/Touch ID & Code* und schalten Sie die entsprechenden Einstellungen unter *Im Sperrzustand Zugriff erlauben* ab.

Vorschau von Mitteilungen ausschalten

Möchten Sie vermeiden, dass eine Vorschau der an Sie gerichteten E-Mails, Nachrichten und anderen Meldungen ebenfalls auf dem Sperrbildschirm angezeigt werden, dann können Sie dies vermeiden. Öffnen Sie dazu in den *Einstellungen* die *Mitteilungen* und schalten die Mitteilungen der entsprechenden App, wie beispielsweise *Mail* oder *Nachrichten*, auf dem Sperrbildschirm ab. Alternativ wählen Sie unter *Vorschauen anzeigen* die Option *Wenn entsperrt*.

Datenschutzeinstellungen vornehmen

Von einiger Bedeutung sind auch die Möglichkeiten zum Datenschutz in den Einstellungen von iOS sowie iPadOS. Hier schalten Sie die Ortungsdienste ab und legen für bestimmte Apps und Funktionen fest, ob andere Apps auf sie zugreifen dürfen. Beispielsweise betrifft dies die Kamera oder Ihre Fotos sowie Bewegungs- und Fitnessdaten. Unter *Werbung* legen Sie fest, ob Ihnen per „Ad-Tracking" personalisierte Werbung präsentiert werden darf oder Sie darauf verzichten möchten.

Zugriff der Apps auf „Kontakte" verhindern

Zahlreiche Apps möchten aus unterschiedlichen Gründen auf Ihre Kontakte zugreifen. Wollen Sie das unterbinden, weil Sie etwa befürchten, es könnten unerwünschte Werbe-E-Mails an die Adressen in Ihrer *Kontakte*-App versandt werden, dann schalten Sie dies ebenfalls in den *Einstellungen* zum *Datenschutz* ab. Wählen Sie dort *Kontakte* und deaktivieren Sie den Zugriff durch die entsprechenden Apps.

Datenschutzeinstellungen von Safari nutzen

Zum Schluss wenden wir uns noch den Datenschutzeinstellungen von Safari zu. Diese finden Sie über *Einstellungen > Safari*. Hier können Sie beispielsweise *Pop-ups* und *Cookies* blockieren sowie bei Bedarf Verlauf und Websitedaten löschen, um die Spuren, die Sie beim Surfen hinterlassen haben, zu beseitigen. Bedenklich ist auch das *Cross-Sitetracking*, über das von dritter Seite aus verfolgt werden kann, welche Webseiten Sie besuchen. Dies können Sie verhindern, indem Sie die entsprechende Einstellung aktivieren. Des Weiteren können Sie eine Betrugswarnung von Safari einschalten.

Keine Angst vor Datenverlust dank iCloud

Falls Sie wider Erwarten einmal einen umfassenden Datenverlust erleiden sollten und Sie gar kein Backup zur Hand haben oder dieses nicht aktuell ist, dann ist auch dies kein Weltuntergang. Dank iCloud und dem iTunes Store können die meisten Daten rekonstruiert und wieder aufgespielt werden. Notizen, Termine und Adressen sowie E-Mails sind weiter in iCloud und auf den E-Mail-Servern vorhanden.

Im App Store gekaufte und heruntergeladene Apps können – natürlich kostenfrei – noch einmal heruntergeladen werden. Auch im iTunes Store erworbene Filme sowie Musiktitel und Alben lassen sich, so oft Sie es wünschen, herunterladen. Ihre eigenen Musiktitel und Alben oder auch Filme, die Sie mit dem iPhone oder iPad synchronisiert haben, befinden sich ebenfalls in iCloud.

Daher besteht kein Anlass zur Panik, auch wenn Sie kein Backup besitzen sollten. Ihr iPhone oder iPad lässt sich mit den im iTunes Store sowie in der iCloud befindlichen Apps und Medien wieder neu aufsetzen, was allerdings viel Zeit in Anspruch nehmen kann.

→ **„Mein iPhone / iPad suchen" deaktivieren**

Bevor Sie Ihr iPhone oder iPad wiederherstellen, zurücksetzen und weitergeben, müssen Sie die Funktion **Mein iPhone / iPad suchen** abschalten. Diese Funktion ermöglicht es, ein verlorengegangenes Smartphone oder Tablet über iCloud (am Mac oder Windows-PC) ausfindig zu machen und bei Diebstahl gegebenenfalls zu sperren oder zu löschen.

Dazu öffnen Sie die **Einstellungen** und tippen auf Ihren **Benutzernamen** sowie **Wo ist?** Anschließend schalten Sie die Funktion **Mein iPhone / iPad suchen** ab und geben dazu den Code Ihrer Apple-ID ein, den Sie zur Anmeldung am iPhone oder iPad verwenden.

Tipps, Tricks und Zubehör

Auch Ihr iPhone oder iPad benötigt bisweilen etwas Zuwendung, sei es, um auftauchende Probleme zu beseitigen oder Betriebssystem und Apps auf dem aktuellen Stand zu halten. Wie das geht, erfahren Sie in diesem Kapitel. Des Weiteren finden Sie Tipps zum Energiesparen sowie Empfehlungen zum wichtigsten Zubehör.

Betriebssystem und Apps aktualisieren

Apple stellt regelmäßig Updates und Sicherheitsaktualisierungen für iOS und iPadOS zur Verfügung. Diese sollten Sie so schnell wie möglich installieren, weil sie Fehler bereinigen und Sicherheitsprobleme beseitigen.

Einmal im Jahr erscheint zudem ein umfangreicheres Upgrade mit zahlreichen neuen Funktionen, welches die Versionsnummer von iOS und iPadOS um einen Zähler erhöht, wie zum Beispiel im Herbst 2019 von iOS 12 auf iOS 13 und iPadOS 13. Falls ein kleineres Update zur Verfügung steht, erscheint am *Einstellungen*-Symbol eine kleine hochgestellte *1*. Zum Installieren gehen Sie in diesem Fall wie folgt vor:

1 Sorgen Sie zunächst dafür, dass der Akku Ihres iPhone oder iPad geladen und es per WLAN mit Ihrem Heimnetzwerk verbunden ist.

2 Tippen Sie auf *Einstellungen* und auf *Allgemein* sowie *Softwareupdate*.

3 Um das Update zu installieren, tippen Sie auf den entsprechenden Eintrag.

4 Anschließend tippen Sie auf *Laden und installieren*. Nachdem Sie die Nutzungsbedingungen bestätigt haben, wird das Update heruntergeladen. Über den Verlaufsbalken wird angezeigt, wie lange dieser Vorgang voraussichtlich dauert.

5 Nach dem Herunterladen tippen Sie auf *Jetzt installieren*. Das Update wird installiert und das iPhone oder iPad neu gestartet. Das kann einige Zeit in Anspruch nehmen. Bitte unterbrechen Sie diesen Vorgang keinesfalls.

6 Unter Umständen müssen Sie nach der Aktualisierung einige Einstellungen vornehmen und Kennwörter eingeben. Folgen Sie den Anweisungen des Installationsassistenten.

Upgrades über den Computer vornehmen

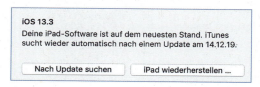

Umfangreiche Upgrades können Sie am sichersten und schnellsten installieren, wenn Sie iPhone oder iPad per Lightning- oder USB-C-auf-USB-Kabel direkt an den Computer anschließen und am Windows-PC oder am Mac – bis macOS Mojave – iTunes nutzen. Bei Macs mit macOS Catalina ist hierfür noch der Finder zuständig.

In iTunes oder im Finder tippen Sie auf das *kleine Symbol* des iPad oder iPhone links oben am Fenster und wählen in der Seitenleiste die Einstellung *Übersicht*. Klicken Sie auf *Nach Update suchen*. Ist ein Update erhältlich, installieren Sie es per Mausklick. Unterbrechen Sie den Installationsvorgang auf keinen Fall.

Erste Hilfe bei Problemen

Die meisten Probleme mit dem iPhone oder iPad sind keine Hardware-, sondern Softwareprobleme. Oft können Sie sie selbst beheben, ohne teure Reparatur.

Störrische Apps beenden

Vor allem schlecht programmierte sowie ältere und in-
kompatible Apps können ab und zu Ärger machen. Sie
können aber problemlos beendet werden (zum Löschen
von Apps beachten Sie Abschnitt „Apps löschen und
deinstallieren" auf Seite 50).

1 Rufen Sie den App-Umschalter auf, indem Sie vom
unteren Rand des Bildschirms langsam nach oben wischen und in der Mitte innehalten. Bei einem iPhone
oder iPad mit Home-Button betätigen Sie diesen zweimal kurz hintereinander.

2 Nun erscheint eine Liste der geöffneten Apps,
durch die Sie per Wischgeste blättern.

3 Blättern Sie zur App, die beendet werden soll, und
ziehen Sie das Fenster der App mit dem Finger nach
oben weg.

4 So wird die App geschlossen. Wiederholen Sie dies mit den rest-
lichen Apps, die Sie beenden möchten.

5 Sie können auch zwei oder mehr Finger nutzen und damit
mehrere Apps auf einmal schließen.

iPhone und iPad zurücksetzen

Falls Ihr iPhone oder iPad einmal nicht wie erwartet funktionieren
sollte, Sie es verkaufen möchten oder es zur Reparatur geben, ist es
erforderlich, es in den Auslieferungszustand zurückzusetzen.

1 Tippen Sie auf die *Einstellungen* und dann auf *Allgemein*.

2 Blättern Sie nun nach unten bis zum Eintrag *Zurücksetzen*. Tippen Sie auf diesen.

Zurücksetzen	>
Ausschalten	

3 Wählen Sie nun aus, was Sie zurücksetzen möchten.
Sie haben die Wahl, bei Problemen erst einmal nur *Alle
Einstellungen* oder *Alle Netzwerkeinstellungen* zurückzusetzen .
Wenn Sie Ihr Gerät verkaufen möchten, ist die Einstellung *Alle
Inhalte & Einstellungen löschen* notwendig.

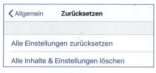

4 Tippen Sie auf den entsprechenden Eintrag, müssen Sie Ihren Code eingeben. Danach werden das iPhone oder iPad beziehungsweise die gewählten Einstellungen zurückgesetzt und das Gerät neu gestartet.

5 Nachdem es neu gestartet wurde, können Sie es neu konfigurieren oder schalten es – im Fall des Verkaufs beziehungsweise der Weitergabe – einfach aus.

Das iPhone und iPad wiederherstellen

Der Auslieferungszustand lässt sich ebenfalls über iTunes beziehungsweise den Finder (bei macOS Catalina) wiederherstellen.

1 Schließen Sie das iPhone beziehungsweise iPad mit dem USB-C- oder Lightning-auf-USB-Kabel an den Computer an. Warten Sie gegebenenfalls, bis iTunes gestartet ist.

2 Klicken Sie links oben unterhalb der Titelleiste auf das *kleine Symbol* und anschließend links in der Seitenleiste auf das Register *Übersicht*.

3 Zum Wiederherstellen des Auslieferungszustands klicken Sie auf den Schalter *iPhone / iPad wiederherstellen*. Zuvor müssen Sie, wie auf Seite 189 beschrieben, die Funktion *Mein iPhone / iPad suchen* deaktiviert haben.

4 Folgen Sie den Anweisungen. Ist der Vorgang abgeschlossen und das iPhone oder iPad neu gestartet, schalten Sie es einfach aus – zum Verkauf oder zur Weitergabe – beziehungsweise richten Sie es neu ein.

Reparatur von iPhone und iPad

Auch wenn handfeste Hardwarefehler nur selten auftreten und iPhone oder iPad in der Regel über viele Jahre hinweg zuverlässig ihren Dienst verrichten, kann es doch einmal notwendig werden, es zur Reparatur zu geben.

In diesem Fall sollten Sie die Seriennummer und die IMEI-Nummer (International Mobile Equipment Identity-Nummer) – beim iPhone oder einem iPad Wi-Fi + Cellular – kennen. Anhand der Seriennummer stellt Apple fest, ob Sie noch Garantie auf das Gerät haben oder nicht.

Zweitens muss die Funktion *Mein iPhone/iPad suchen* auch hier abgeschaltet sein und drittens ist es erforderlich, zuvor ein Backup anzulegen – und zwar am besten über iTunes auf Ihrem Computer (beachten Sie dazu Seite 25).

Die Seriennummer sowie IMEI herausfinden

Lässt sich das iPhone oder iPad noch einschalten, finden Sie die Seriennummer sowie die IMEI ganz einfach über die *Einstellungen* heraus. Wenn Sie dort nacheinander die Einträge *Allgemein* sowie *Info* wählen, finden Sie unten die Seriennummer sowie, soweit vorhanden, auch die IMEI-Nummer.

Beim iPhone sind die IMEI-Nummer sowie die Seriennummer auf dem Einschub des SIM-Kartenfachs zu finden – allerdings so klein, dass sie ohne Lupe kaum zu entziffern sind.

Dasselbe gilt für die Seriennummer des iPad, die ebenfalls in „Ameisenschrift" auf der Rückseite des iPad steht.

„Mein iPhone/iPad suchen" über iCloud abschalten

Außerdem deaktivieren Sie die Funktion *Mein iPhone/iPad suchen*, wie auf Seite 189 beschrieben. Dies ist notwendig, weil Apple sonst keine Veränderungen am Gerät vornehmen kann. Falls Ihr iPhone oder iPad gar nicht mehr funktioniert, müssen Sie das über iCloud erledigen.

1 Rufen Sie im Web-Browser die Website www.icloud.com auf. Melden Sie sich mit dem *Benutzernamen* und dem *Kennwort* Ihrer Apple-ID an.

2 Klicken Sie dort auf *Account-Einstellungen*. Klicken Sie auf das entsprechende Gerät – hier das iPhone oder iPad.

3 Entfernen Sie das Gerät aus Ihrer Geräteliste, indem Sie auf den Schalter *Entfernen* klicken.

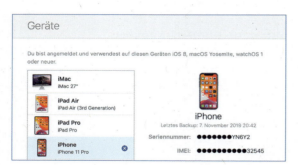

→ **Die Wo-ist?-App**

Die **Wo-ist?**-App von iOS 13, iPadOS 13 und macOS Catalina dient dazu, jederzeit den Standort Ihres iPhone, iPad oder Mac festzustellen und diese im Fall der Fälle als verloren zu melden oder aus der Ferne zu löschen. Dies soll Dieben die Freude an entwendeter Hardware von Apple vermiesen, denn dadurch werden die Geräte für alle, die sich nicht im Besitz Ihrer Apple-ID und des entsprechenden Kennworts befinden, unbrauchbar.

Darüber hinaus können Sie den Aufenthaltsort von Familienmitgliedern und Freunden feststellen, sofern diese zustimmen, Ihren Standort zu teilen. Dies können Sie über den Befehl **Standort ab jetzt teilen** in der **Wo-ist?**-App einstellen. Die Einstellung finden Sie über das Symbol **Personen**.

Backup mit iTunes oder dem Finder erstellen

Zu guter Letzt erstellen Sie ein Backup Ihres iPhone oder iPad – und zwar über iTunes oder den Finder (ab macOS Catalina) auf dem eigenen Computer. Wie das geht, erfahren Sie im Abschnitt „Backup: Daten sichern" auf Seite 182. Dieses Backup können Sie später auf Ihrem reparierten oder ersetzten iPhone oder iPad wiederherstellen. Auch hier befolgen Sie die Anweisungen auf Seite 25.

→ **Garantie und Garantieerweiterung**

Auf neu erworbene iPhones und iPads gibt Apple ein Jahr Garantie. Innerhalb dieses Jahres wird es kostenlos repariert oder ausgetauscht, wenn der Defekt nicht von Ihnen selbst verursacht wurde. Sturz-, Wasser- und kosmetische Schäden sowie Verlust durch Diebstahl unterliegen nicht der Garantie.

Außerdem haben Sie die Möglichkeit, Apple Care+ für das iPhone oder iPad für bis zu 229 Euro zu erwerben. Damit erhalten Sie bis zu zwei weitere Jahre Garantie (Hardwareschutz) sowie die Reparatur bei Unfallschäden. Beachten Sie aber, dass bei Reparaturen eine Servicegebühr oder ein Selbstbehalt zusätzlich anfällt. Apple Care+ kann nur für ein Neugerät bis zu 60 Tagen nach dem Kauf abgeschlossen werden.

Tipps zum Energiesparen

Die Akkus der aktuellen iPhone- und iPad-Modelle halten zwar länger durch als die der Vorgängermodelle. Trotzdem kann es sinnvoll sein, durch das Sparen von Energie die Akkulaufzeit weiter zu optimieren – zum Beispiel, wenn Sie einmal länger unterwegs sind und keine Möglichkeit zum Aufladen haben.

Nur bei gemäßigten Temperaturen verwenden

Auch wenn Ihr iPhone oder iPad von 0°C bis 35 °C klaglos seinen Dienst verrichtet, so kann die Akkulaufzeit durch zu hohe und zu niedrige Temperaturen erheblich beeinträchtigt werden. Am „wohlsten" fühlt sich der Akku des Smartphones zwischen 16°C und 22°C.

Bildschirmhelligkeit reduzieren

Großen Einfluss auf die Akkulaufzeit hat die Helligkeit des Bildschirms. Diese können Sie gezielt ändern, indem Sie das *Kontrollzentrum* anzeigen (mit einem Finger vom rechten oberen Rand des Displays nach unten wischen) und dort die Helligkeit verringern.

Bildschirmhelligkeit automatisch anpassen

Auch das automatische Anpassen der Bildschirmhelligkeit entlastet den Akku etwas. In der Regel ist dies bereits voreingestellt. Falls nicht, aktivieren Sie diese Einstellung über *Bedienungshilfen* in der linken Spalte der Einstellungen sowie *Anzeige & Textgröße* rechts. Hier blättern Sie nach unten und schalten *Auto-Helligkeit* ein.

Dunkelmodus ab dem iPhone X nutzen

Die iPhones X, XS und 11 Pro besitzen ein OLED-Display. Dieses sorgt nicht nur für ein besseres Bild, sondern verbraucht auch weniger Energie, wenn der Dunkelmodus von iOS 13 aktiviert ist. So werden bei schwarzer Benutzeroberfläche und Hintergrund die entsprechenden Pixel einfach deaktiviert und benötigen keinen Strom mehr. Den Dunkelmodus schalten Sie in den *Einstellungen* über *Anzeige & Helligkeit* ein. Dort wählen Sie das Erscheinungsbild *Dunkel*.

Animationen abschalten

Die Benutzeroberflächen von iOS 13 und iPadOS 13 werden durch einige mehr oder minder sinnvolle Animationen verschönert. Diese lassen sich auch abschalten, was ebenso ein wenig zu einer längeren Akkulaufzeit beitragen kann. Tippen Sie dazu in den *Einstellungen* auf *Bedienungshilfen* und dann rechts auf *Bewegung*. Schalten Sie die Option *Bewegung reduzieren* ein.

WLAN statt LTE verwenden

Nutzen Sie, sofern möglich, für den Internetzugang immer WLAN statt LTE und das Mobilfunknetz. Schalten Sie die Funktion ab, falls Sie diese nicht benötigen. Hierzu deaktivieren Sie in den *Einstellungen* unter *Mobiles Netz* die Einstellung *Mobile Daten*. Die Telefonfunktionen werden dadurch nicht beeinträchtigt.

AirDrop ausschalten

Um die praktische Funktion *AirDrop* zum schnellen Datenaustausch zu nutzen (siehe Seite 176) benötigen Sie neben WLAN auch Bluetooth. Schalten Sie *AirDrop* also über das *Kontrollzentrum* ab, wenn Sie es nicht benötigen. Ansonsten sucht das iPhone oder iPad im Hintergrund unausgesetzt nach entsprechenden Verbindungen.

Flugmodus aktivieren

Benötigen Sie keinen Internetzugang und ebenso keine Telefonfunktionen, dann aktivieren Sie am besten gleich den sogenannten Flugmodus. Hierbei werden alle drahtlosen Verbindungen gekappt. Rufen Sie dazu das *Kontrollzentrum* auf und tippen dort auf das *Flugzeug*-Symbol. Beachten Sie: WLAN lässt sich bei Bedarf gesondert einschalten, indem Sie erneut auf das entsprechende Symbol tippen.

Ruhezeiten nutzen

Vor allem in der Nacht oder wenn Sie nicht gestört werden möchten, können Sie prima Energie sparen. Aktivieren Sie einfach die Einstellung *Nicht stören* – zu finden in den *Einstellungen*. Dort geben Sie an, ob Sie momentan nicht gestört werden wollen, und definieren gezielt einen entsprechenden Zeitraum – zum Beispiel in der Nacht von 22 bis 6 Uhr.

Nicht vibrieren beim iPhone

Das Vibrieren des iPhones bei Anrufen, Nachrichten, Meldungen und so weiter kostet Energie. Auf Wunsch können Sie dies deaktivieren (*Einstellungen > Bedienungshilfen > Tippen > Vibration*).

Stromsparmodus nutzen

Sobald die Akkukapazität unter 20 Prozent fällt, wird an iPhone und iPad automatisch der Stromsparmodus aktiviert. Hierüber erhalten Sie eine Meldung, und außerdem färbt sich die Akkuanzeige orange ein. Im Stromsparmodus wird die Helligkeit des Displays verringert, Animationen werden abgeschaltet und die Hintergrundaktualisierung, wie zum Beispiel das automatische Abrufen von E-Mails, wird abgeschaltet.
Ansonsten können Sie Ihr iPhone oder iPad wie immer verwenden. Bei Bedarf lässt sich der Energiesparmodus auch manuell einschalten: *Einstellungen > Batterie > Stromsparmodus*. Bitte beachten Sie die erwähnten Einschränkungen.

Hintergrundaktualisierung unterbinden

Zahlreiche Apps auf Ihrem iPhone und iPad sind im Hintergrund aktiv, sei es, um Inhalte und Datenbestände zu aktualisieren, wie die Wettervorhersage, Nachrichten, E-Mails und so weiter. Dies alles belastet den Akku.
Diese Hintergrundaktualisierung kann für alle oder einzelne Apps abgeschaltet werden. Unter *Einstellungen > Allgemein > Hintergrundaktualisierung* schalten Sie diese aus. Wahlweise können Sie die Hintergrundaktualisierung auch auf das WLAN-Netzwerk beschränken und so Ihr mobiles Datenvolumen sparen.

Ortungsdienste abschalten

Einige Apps, wie zum Beispiel die *Karten*-App, *Google Maps*, Nah-verkehrs-Apps und andere greifen auf die Ortungsdienste Ihres iPhone und iPad zu, bei denen mithilfe von GPS, WLAN und Blue-tooth der Aufenthaltsort bestimmt wird. Die Ortungsdienste lassen sich deaktivieren, sei es, um die Akkulaufzeit zu verlängern oder aus Gründen des Datenschutzes. Sie finden sie in den *Einstellun-gen* unter *Datenschutz*. Legen Sie dort fest, ob diese komplett abge-schaltet werden oder nur für einzelne Apps.

Mitteilungen unterbinden

Neben den Ortungsdiensten und der Hintergrundaktualisierung lassen sich „geschwätzige" Apps wie Nachrichten-Apps, Apps sozia-ler Netzwerke, E-Mail-Apps und andere zügeln. Zu viele Mitteilun-gen können auf Dauer ebenfalls Einfluss auf die Akkulaufzeit ha-ben. Zum Abschalten und Konfigurieren der Mitteilungen öffnen Sie die *Einstellungen* und tippen dort auf *Mitteilungen*. Hier legen Sie dann fest, welche App Ihnen Mitteilungen senden kann und welcher Art diese sind.

E-Mails manuell abrufen

Bei manchen E-Mail-Diensten, wie dem von iCloud, landen E-Mails sofort auf Ihrem iPhone und iPad, auch ohne dass sie manuell ab-gerufen werden müssen. Die entsprechende Funktion, welche ebenfalls Einfluss auf die Akkulaufzeit hat, lässt sich deaktivieren. Rufen Sie Ihre E-Mails stattdessen manuell ab: *Einstellungen > Passwörter & Accounts > Datenabgleich*. Schalten Sie *Push* ab und wählen Sie unter *Abrufen* die Option *Manuell*. Nun werden die E-Mails nur noch auf Ihren ausdrücklichen Wunsch hin abgerufen.

Automatische Sperre nutzen

Die automatische Sperre des iPhone und iPad lässt sich ebenfalls so einstellen, dass dadurch etwas an Akkulaufzeit eingespart wird:

Einstellungen > Anzeige & Helligkeit > Automatische Sperre > 30 Sekunden.

Verzicht auf grafisch aufwendige Apps und Spiele

Möchten Sie verhindern, dass unterwegs der Akku Ihres iPhone und iPad allzu schnell in die Knie geht, verzichten Sie unterwegs am besten auf grafisch aufwendige Spiele. Diese bringen den Akku sehr schnell an seine Grenzen. Dasselbe gilt für anderweitig grafisch aufwendige Apps.

Welche Funktion oder App verbraucht wie viel?

Um herauszufinden, welche Funktion und welche Apps wie viel Energie benötigen und unter Umständen dafür verantwortlich sind, weshalb sich der Akku immer schneller leert, öffnen Sie die *Einstellungen* und tippen dort auf den Eintrag *Batterie*. Dort können Sie den Batteriestatus der letzten 24 Stunden oder der letzten 10 Tage einsehen. Weiter unten wird aufgelistet, welche App den Akku wie lange nutzte.

Hüllen und Displayfolie

iPhones und iPads sind empfindliche und vor allem teure technische Geräte. Fällt es Ihnen herunter oder zerkratzen Sie es, werden je nach Modell schnell höhere dreistellige Beträge fällig. Selbst kleinere Schäden schmälern zumindest den eventuellen Wiederverkaufswert. Behandeln Sie Ihre Geräte daher immer vorsichtig. Dennoch ist zusätzlich der Kauf einer stabilen Schutzhülle sowie einer Displayfolie, die das Display vor Kratzern schützt, sehr zu empfehlen.

Hüllen für iPhone und iPad

Für die unterschiedlichen iPhone- und iPad-Modelle bietet Apple in seinem Onlineshop passende Silicon- und Lederhüllen in unterschiedlichen Farben an. Diese schützen die Rückseite und den Rand des Geräts gegen Kratzer. Fällt es Ihnen herunter, bieten sie nur begrenzten Schutz: Die Vorderseite wird durch die Silicon- oder Lederhüllen nicht geschützt, außerdem bieten die Hüllen von Apple keine Standfunktion.

Modelle von Drittanbietern kosten meistens nur einen Bruchteil der entsprechenden Produkte von Apple, erfüllen aber ihren Zweck genauso gut oder sogar besser. Achten Sie bei dem Kauf darauf, dass die Bedienelemente und Schnittstellen gut zugänglich sind.

Für iPads gibt es spezielle Tastaturhüllen. Diese schützen das Gerät und verwandeln es schon fast in einen Laptop. Apple bietet das *Smart Keyboard* an, das über den eigens verbauten *Smart Connector* verbunden wird und ohne Akku funktioniert. Die Verbindung bei Drittanbieter-Tastaturen erfolgt über Bluetooth, die Stromversorgung über einen eingebauten Akku.

Displayfolie

Eigentlich sind die Displayoberflächen von iPhone und iPad ohnehin gehärtet, entspiegelt und schmutzabweisend. Dennoch kann eine Displayfolie eine sinnvolle Anschaffung sein. Schließlich verhindert sie selbst die allerkleinsten Kratzer, falls Sie Ihr iPhone einmal unbedacht in eine Tasche stecken, in der sich etwa noch der Schlüsselbund befindet.

Zusätzlich gibt es Folien, die das Display besser entspiegeln oder schmutz- und fingerabdruckabweisend wirken. Die Funktionalität des iPhone oder iPad schränkt eine Displayfolie nicht ein – auch wenn Sie dieses mit dem Apple Pencil nutzen. Falls Sie Ihr Gerät später einmal veräußern möchten, trägt sie außerdem dazu bei, das Display so neu wie am ersten Tag wirken zu lassen.

Hilfe

Stichwortverzeichnis

A

Adobe Lightroom 155
AirDrop 177
  – ausschalten 199
  – Dateien kopieren 178
  – einschränken 186
AirPlay 136
AirPlay 2 137
Akku 62
Aktien-App 45
Aktivitäten-App 46
Amazon Music 129
Animationen ab-
  schalten 198
Anruf weiterleiten 71
Anrufbeantworter 79
Anrufer
  – sperren 71
  – unbekannte stumm
   schalten 82
Ansicht „Heute" 57
Anzeige & Helligkeit: 61
App Store 45, 62, 103
  – aktualisieren 105
  – Arcade 103
  – einkaufen 104
  – erneut laden 105
  – herunterladen 104
  – In-App-Käufe 104
  – Medien auslagern 106
Apple Bücher
  – E-Books 45, 139f.
  – Hörbücher 138
Apple Music 128, 132
  – Alternativen 133
Apple Pay 62

Apple Pencil 11
Apple TV 137, 165
Apple TV+ 131
Apple Watch 122
Apple-ID 24, 126
Apps
  – beenden 50, 193
  – die wichtigsten 45
  – Energieprofil 202
  – entdecken (siehe
   App Store)
  – im Dock ablegen 49
  – in Ordnern ablegen 49
  – löschen und
   deinstallieren 50
  – mehrere Fenster 51
  – schwebende 52
  – soziale Netzwerke 122
  – verschieben 48
  – zwischen verschie-
   denen wechseln 49
Augmented Reality 123
Ausrichtungssperre 54
Auszeit, digitale 74
Automatische Sperre 201

B, C

Backup
  – Konto wiederher-
   stellen 224
  – mit dem Finder 182,
   185, 197
  – mit iCloud 24, 181
  – mit iTunes 24, 182,
   185, 197

Bedienung, Grundlagen 29
Bedienungshilfen 61, 72
Bild-in-Bild-Modus 53
Bildschirmhelligkeit 198
Bildschirmsynchroni-
  sation 54
Bildschirmtastatur 32
Bildschirmzeit 61, 73, 75
Bluetooth 60, 63
  – deaktivieren 186
Bücher-App 45, 138
  – Hörbuch abspielen 138
Continuity 177

D

Dateien, bearbeiten 174
Dateienaustausch, mit
  iCloud Drive 175
Daten, entfernen 171
  – kopieren 170
Datenaustausch
  – mit AirDrop 176
  – mit iCloud Drive 174
  – mit iTunes 170
  – über externe Daten-
   träger 180
  – über Zwischen-
   ablage 179
Datenschutz 62
  – Einstellungen 188
Datensicherheit 183
Desktop-Modus 97
Displayfolie 203
Dock 47
Dunkelmodus 55, 67, 198

E

E-Books
– aktuelle 1141
– Alternativen 140
– beschriften 142
– Bücher synchron. 143
– gelesene anzeigen 141
– kaufen 139, 140
– lesen 139, 141
– Leseziele 143
– markieren 142
Einkaufen-Apps 121
Einstellungen-App 46, 60
E-Mail
– automatischer
Empfang 91
– Dateien als Anhang 93
– formatieren 91
– Konto einrichten 90
– löschen 92
– markieren 93
– schreiben 90
– Spam 93
– verschieben 92
– versenden 90
– manuell abrufen 201
Energiesparen 197
Erinnerungen-App 45, 100
– Erinnerung, neue 100
– ortsgebundene 101
Ersteinrichtung, Gerät 22

F

Face ID 62, 183
– einrichten 23
FaceTime 45, 87
– anrufen 87
– Gruppentelefonat 88

Filme
– ausgeliehene 130
– ausleihen 129
– finden 131
– kaufen 129
Fitnessarmbänder 121, 122
Flugmodus 54, 60, 199
Foto-App 45, 145
– 3D-Touch 151
– alternative Bearbei-
tungs-Apps 155
– anpassen 154
– ansehen 152
– bearbeiten 153
– drehen 154
– drucken 156
– drucken über
AirPrint 158
– Filter 147
– fotografieren 146
– freigeben 157
– HDR-Funktion 150
– importieren 166
– intelligente Suche 157
– Live Photo 147, 149
– mit Stickern 86
– Nachtmodus 147
– Optionen 146
– Panoramafoto 148
– Porträts machen 149
– QR-Scanfunktion 151
– Seitenverhältnis 147
– Selbstauslöser 147
– Spiegelreflexkamera
fernsteuern 151
– teilen 156
– Video aufnehmen 145
– versenden 156
– Zoomen 147
– zuschneiden 153

G

Garantie 197
Gerät
– Code 183
– finden 185
– IMEI 195
– Reparatur 195
– Seriennummer 195
– suchen 196
– wiederherstellen 194
– zurücksetzen 193
Gesichtserkennung, siehe
Face ID 183
Gesten, iPad 37
Google Maps 117
Google Play Music 129

H

Handoff 177
Haptic Touch 31, 32
Health-App 46, 121
Helligkeit
– anpassen 54
– regeln 66
Hintergrundaktualisierung
unterbinden 200
Hintergrundbild 61, 67
Home-App 46, 124
Home-Bildschirm 43, 44
– weitere einrichten 47
Hotspot, persönlicher 60,
64

I

iCloud 69, 173
– Alternativen 176
– Backup 70, 189
– Drive 70
– Fotos 158

– Fotostream 158
– Schlüsselbund 184
Ikea-App 124
iMessage 83
iMessages (siehe
Nachrichten-App) 83
iMovie 163
iPad
– aktuelle Modelle 8
– iPadOS 6
– iPadOS 13, Update 13
– Wi-Fi+Cellular 12
iPhone
– aktuelle Modelle 6
– Einhandmodus 31
iTunes 62
iTunes Store 46, 125, 128
– Alternativen 129, 131
– Filme 129
iTunes-App 125

K

Kalender-App 45, 98
– mehrere Kalender 99
– Termin erstellen 98
– Termine suchen 99
Kamera 7
– TrueTone-Blitz 15
Kamera-App 45, 55
Karten-App 45, 115
Kennwortabfrage 184
Keynote, Präsentation
erstellen 113
Klingeltöne
– ändern 68
– für best. Anrufer 69
Kontakte 77
– bearbeiten 78
– blockieren 82
– Zugriff verhindern 188

Kontakte-App
– erstellen 77
– Gruppen 77
– suchen 77
Kontrollzentrum 53

L, M

Lautstärke, regeln 54
Lightning-Schnittstelle 16
macOS Catalina 192
Mail (siehe E-Mail) 89
Mail-App 45
Maßband-App 123
Mediensteuerung 55
Mehrwege-Authentifi-
zierung 184
Microsoft Office 114
Mitteilungen 61
– gezielt entfernen 56
– gruppieren 56
– unterbinden 201
– vom Sperrbildschirm
verbannen 57
– Vorschau aus-
schalten 187
Mitteilungszentrale 55
Mobile Daten 64
Mobilfunkeinstellungen 60
Mobilfunkverbindung ein-
richten 64
Multi-Touch, Gesten 32
– Display 14
Musik streamen 128
– hören 127
– mit AirPlay 136
– mit Mobilfunk-
provider 133
Musik-App 46, 126

N

Nachrichten-App 46, 82,
83
– Animojis nutzen 86
– löschen 84
– mit Sprechblasen
markieren 85
– schreiben 83
– Zeichnung senden 85
Navigation 116
News-Apps 119
Nicht stören 54, 61
Notizen-App 45, 106
– Dokumente hinzu-
fügen 109
– Dokument-Scan 108
– Fotos hinzufügen 108
– gemeinsam Notizen
bearbeiten 108
– löschen 107
– neue anlegen 107
– verfassen 107
– verschieben 107
– verschlüsseln 107
Numbers, Tabelle
erstellen 112

O

Office-Apps 111
ÖPNV 118
Orte, häufige 186
Ortungsdienste 185
– abschalten 201

P

Pages 174
– Textdokument
erstellen 111
Photoshop 155

Photoshop Express 155
Pixelmator 156
Podcasts 45
– abonnieren 135
– abspielen 134
– löschen 135
Podcasts-App 134

Q, R

QR-Code scannen 151
Roaming 65
Routenplanung 116
Ruhezeiten 199

S

Safari 46, 94
– alle Tabs anzeigen 95
– alle Tabs schließen 96
– Dateien herunter-
laden 97
– Datenschutz-
einstellungen 188
– Internetadresse weiter-
leiten 96
– Lesemodus 94, 97
– Lesezeichen 94, 96
– Webseite aufrufen 95
Schutzhüllen 203
Sicherheitsupdates 191
SIM-Karte einsetzen 21
Siri 39, 62
– Funktionen 41
– konfigurieren 40
– Kurzbefehle-App 42
– Nachricht diktieren
und versenden 41
– Text diktieren 41
Skype 88
Smart Home 124

Smart-Connector 18
Smartwatch 121
SMS 83
Sperrbildschirm 43
– Zugriff einschrän-
ken 187
Sprachmemos-App 110
– erstellen 110
– synchronisieren 110
Statusleiste 46
Stromsparmodus 200
Suchbildschirm 47
Synchronisation
– per WLAN 172
– mit Windows-PC 172
Systemtöne ändern 68

T

Taschenlampe 54
Taschenrechner 55
Teilen-Feld 179
Telefon-App 46
– anklopfen/makeln 82
– Anrufe blockieren 82
– anrufen 79, 80
– Anrufliste 79
– Einstellungen 81
– Favoriten 79
– Rufweiterleitung 81
Textdokument
– erstellen 111
– Formatierung 112
Texteingabe 35
– markieren, kopieren
und einfügen 36
– tippen mit Daumen 36
Timer 55
Touch ID 14, 18, 62, 183
TrueTone-Blitz 19
TV-App 46

U–Z

Uhr 45
Umstieg
– von Android 27
– vom alten iPhone 26
Unwetter- und Katastro-
phenwarnung 120
Updates 191
Vibration 69, 200
Video
– Auflösung ändern 161
– aufnehmen 160
– bearbeiten 161
– eigene auf dem TV
anschauen 165
– iMovie 163
– Kamera wechseln 146
– Live Photos 146
– Nachtmodus 146
– Sicherungskopie 162
– Slo-Mo 146, 161
– teilen 164
– Zeitraffer 146
Videostreaming, über
AirPlay 136
Videotelefonie, siehe
FaceTime 87
Wallet 46, 62
Wetter-App 45, 119
WhatsApp 87
Widgets, deaktivieren 187
WLAN 60, 62
WLAN-Hotspots,
öffentliche 63
Wo-ist?-App 196

Die Stiftung Warentest wurde 1964 auf Beschluss des Deutschen Bundestages gegründet, um dem Verbraucher durch vergleichende Tests von Waren und Dienstleistungen eine unabhängige und objektive Unterstützung zu bieten.

Dr. Uwe Albrecht ist freiberuflicher Journalist und Autor. Als Verfasser zahlreicher Werke zum Thema Mac, iPhone und iPad kennt und nutzt er die meisten Apple-Produkte.
Im Buchprogramm der Stiftung Warentest sind von ihm bereits die Ratgeber „iMac und Mac Book" sowie „Heimkino und Sound" erschienen.

8., aktualisierte Auflage
© 2020 Stiftung Warentest, Berlin

Stiftung Warentest
Lützowplatz 11–13
10785 Berlin
Telefon 0 30/26 31–0
Fax 0 30/26 31–25 25
www.test.de
email@stiftung-warentest.de

USt-IdNr.: DE136725570

Vorstand: Hubertus Primus
Weitere Mitglieder der Geschäftsleitung:
Dr. Holger Brackemann, Daniel Gläser

Programmleitung: Niclas Dewitz

Autor: Uwe Albrecht
Projektleitung: Johannes Tretau

Lektorat: Magnus Enxing, Münster
Mitarbeit: Merit Niemeitz
Korrektorat: Susanne Reinhold, Berlin
Titelentwurf: Sylvia Heisler
Layout: Sylvia Heisler
Grafik, Satz: Annett Hansen, Berlin
Bildnachweis: istock, Ralph Kaiser (Titel, 9, 11 f., 12, 14, 16 – 18, 20); istock (Rückseite Umschlag); Apple Inc. (7 – 11, 17, 19, 87, 122, 137)
Screenshots: Uwe Albrecht
Produktion: Vera Göring
Verlagsherstellung: Rita Brosius (Ltg.), Romy Alig, Susanne Beeh
Litho: tiff.any, Berlin
Druck: Rasch Druckerei und Verlag GmbH & Co. KG, Bramsche

ISBN: 978-3-7471-0249-7

Wir haben für dieses Buch 100 % Recyclingpapier und mineralölfreie Druckfarben verwendet. Stiftung Warentest druckt ausschließlich in Deutschland, weil hier hohe Umweltstandards gelten und kurze Transportwege für geringe CO_2-Emissionen sorgen. Auch die Weiterverarbeitung erfolgt ausschließlich in Deutschland.